CONQUISTANDO SEU FUTURO FINANCEIRO

PAULO GURGEL VALENTE
ECONOMISTA E CONSELHEIRO CERTIFICADO PELO IBGC

CONQUISTANDO SEU FUTURO FINANCEIRO

PLANEJAMENTO EM TEMPOS DE INCERTEZAS

ALTA BOOKS
EDITORA
Rio de Janeiro, 2022

Conquistando Seu Futuro Financeiro

Copyright © 2022 da Starlin Alta Editora e Consultoria Eireli.
ISBN: 978-65-5520-714-9

Impresso no Brasil — 1ª Edição, 2022 — Edição revisada conforme o Acordo Ortográfico da Língua Portuguesa de 2009.

```
Dados Internacionais de Catalogação na Publicação (CIP) de acordo com ISBD

V154c   Valente, Paulo Gurgel
            Conquistando seu futuro financeiro: planejamento em tempos de
        incertezas / Paulo Gurgel Valente. - Rio de Janeiro : Alta Books, 2022.
            256 p. : il. ; 17cm x 24cm.

            Inclui índice, anexo e bibliografia.
            ISBN: 978-65-5520-714-9

            1. Economia. 2. Finanças. 3. Planejamento financeiro. I. Título.

                                                        CDD 332.04
                                                        CDU 336:37
        2022-590

        Elaborado por Odilio Hilario Moreira Junior - CRB-8/9949

        Índice para catálogo sistemático:
            1.! Economia : Educação financeira 332.04
            2.! Economia : Educação financeira 336:37
```

Todos os direitos estão reservados e protegidos por Lei. Nenhuma parte deste livro, sem autorização prévia por escrito da editora, poderá ser reproduzida ou transmitida. A violação dos Direitos Autorais é crime estabelecido na Lei nº 9.610/98 e com punição de acordo com o artigo 184 do Código Penal.

A editora não se responsabiliza pelo conteúdo da obra, formulada exclusivamente pelo(s) autor(es).

Marcas Registradas: Todos os termos mencionados e reconhecidos como Marca Registrada e/ou Comercial são de responsabilidade de seus proprietários. A editora informa não estar associada a nenhum produto e/ou fornecedor apresentado no livro.

Erratas e arquivos de apoio: No site da editora relatamos, com a devida correção, qualquer erro encontrado em nossos livros, bem como disponibilizamos arquivos de apoio se aplicáveis à obra em questão.

Acesse o site www.altabooks.com.br e procure pelo título do livro desejado para ter acesso às erratas, aos arquivos de apoio e/ou a outros conteúdos aplicáveis à obra.

Suporte Técnico: A obra é comercializada na forma em que está, sem direito a suporte técnico ou orientação pessoal/exclusiva ao leitor.

A editora não se responsabiliza pela manutenção, atualização e idioma dos sites referidos pelos autores nesta obra.

Produção Editorial
Editora Alta Books

Diretor Editorial
Anderson Vieira
anderson.vieira@altabooks.com.br

Editor
José Ruggeri
j.ruggeri@altabooks.com.br

Gerência Comercial
Claudio Lima
comercial@altabooks.com.br

Gerência Marketing
Andrea Guatiello
marketing@altabooks.com.br

Coordenação Comercial
Thiago Biaggi

Coordenação de Eventos
Viviane Paiva
eventos@altabooks.com.br

Coordenação ADM/Finc.
Solange Souza

Direitos Autorais
Raquel Porto
rights@altabooks.com.br

Assistente Editorial
Caroline David

Produtores Editoriais
Illysabelle Trajano
Larissa Lima
Maria de Lourdes Borges
Paulo Gomes
Thales Silva
Thiê Alves

Equipe Comercial
Adriana Baricelli
Daiana Costa
Fillipe Amorim
Kaique Luiz
Maira Conceição
Victor Hugo Morais

Equipe Editorial
Beatriz de Assis
Brenda Rodrigues
Gabriela Paiva
Henrique Waldez
Mariana Portugal
Marcelli Ferreira

Marketing Editorial
Jessica Nogueira
Livia Carvalho
Marcelo Santos
Thiago Brito

Atuaram na edição desta obra:

Revisão Gramatical
Rafael Surgek
Thaís Pol

Capa | Diagramação
Joyce Matos

Editora afiliada à: ASSOCIADO

ALTA BOOKS
EDITORA

Rua Viúva Cláudio, 291 — Bairro Industrial do Jacaré
CEP: 20.970-031 — Rio de Janeiro (RJ)
Tels.: (21) 3278-8069 / 3278-8419
www.altabooks.com.br — altabooks@altabooks.com.br
Ouvidoria: ouvidoria@altabooks.com.br

Registramos nossos agradecimentos a Leonel Barbosa Rocha Pitta e a Ary Vieira Barradas pela inestimável colaboração e a Victor da Silva Catharino e Pedro Gonçalves Monni, economistas que ajudaram nos gráficos, no depoimento e na revisão geral.

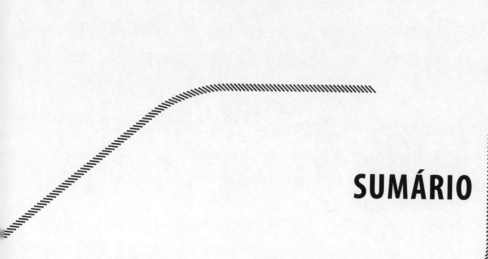

SUMÁRIO

INTRODUÇÃO 1

    CAPÍTULO 1 NOÇÕES GERAIS E CONJUNTURA 7

    CAPÍTULO 2 ORÇAMENTO FAMILIAR 29

    CAPÍTULO 3 IMÓVEIS 41

    CAPÍTULO 4 EMPREENDEDORISMO: NEGÓCIO PRÓPRIO 55

    CAPÍTULO 5 ATIVOS FINANCEIROS – FORMAÇÃO DE PORTFÓLIO 71

CONCLUSÃO: ADVERTÊNCIAS 121

ANEXO: MATEMÁTICA FINANCEIRA 123

BIBLIOGRAFIA: ANEXO MATEMÁTICA FINANCEIRA 239

ÍNDICE 241

Introdução

GUIA DE PLANEJAMENTO
FINANCEIRO PESSOAL

Um guia de *planejamento financeiro pessoal* é indispensável para qualquer pessoa, com a ressalva de que o assunto não pode ser esgotado em um pequeno volume como este, talvez nem mesmo em uma biblioteca completa.

Por comparação, imaginemos que estamos planejando uma viagem a Paris pela primeira vez e resolvemos comprar um guia de viagem. Paris é inesgotável, seja pela quantidade de atrações, fixas ou perenes, seja pelas novidades frequentes, e por isso mesmo talvez um pequeno guia introdutório seja necessário; além do mais, cada turista tem uma preferência, um gosto: uns preferem história; outros, artes; alguns, culinária, e por aí vai. Muitos turistas gostam de aventuras e experiências diferentes, com alta adrenalina, já outros preferem a contemplação, a repetição dos mesmos programas, a paz e o sossego.

Este guia pretende menos responder a questões e mais levantar perguntas ao leitor, levando em conta o que cada um consegue captar e adequar à sua própria experiência e necessidade, que varia a cada momento de suas vidas, além, é claro, de conformar estes cenários à questão da conjuntura do país.

Por que publicar um livro no formato de um "guia" pós-pandemia?

Podemos segmentar a história recente de investimentos de várias formas, mas, para o fim deste livro, escolhemos a seguinte:

- **Antes do Plano Real (1994) — hiperinflação:** Quando tínhamos variação de preços da ordem de dois dígitos mensais, era muito difícil planejar qualquer coisa e organizar um portfólio, a menos que se incluíssem imóveis, moeda estrangeira e aplicações *overnight* bem estruturadas e, quem sabe, renda variável, que estava menos nos fundamentos do que na sorte; vivíamos, enfim, em uma pandemia econômica que parecia nunca ter fim.

- **Após o Plano Real (1994):** Durante muitos anos a aplicação financeira mais garantida e segura mantinha, em tese, um ganho real, isto é, o mercado trabalhava com a expectativa de que era possível ter rentabilidade acima da inflação e da variação cambial, o que já se apresentava como uma saída razoável.

- **Na pandemia e no pós-pandemia de Covid-19:** No Brasil e em outros países, as incertezas aumentaram como nunca e, mais do que isso, as aplicações financeiras mais seguras passaram a registrar "rentabilidade negativa", isto é, aplicar à taxa garantida com liquidez imediata significava, na maioria das vezes, perder capital; para tentar um retorno positivo, foram necessários mais criatividade e risco.

Há uma imagem já muito usada sobre as alternativas para saciar a fome de alguém: oferecer-lhe um peixe ou ensiná-lo a pescar. Nesta obra, o leitor não encontrará fórmulas prontas, universais ou atemporais. Não haverá "não faça isso, ou faça aquilo": a obra exigirá do leitor uma interpretação e esforço pessoal, já que tudo o que tratamos é muito particular e se aplica a cada momento. O que é constante é a necessidade do planejamento financeiro.

Assim, este livro será apresentado nos seguintes capítulos:

- **Noções Gerais e Conjuntura:** Além da apresentação geral do livro, o leitor é convidado a refletir sobre o significado do *planejamento financeiro pessoal* e sobre aspectos políticos e econômicos que caracterizam o ambiente financeiro do país, assim como a relação entre tempo e dinheiro. Este capítulo apresenta, ainda, uma visão de alguns aspectos de conjuntura econômica que repercutem no ambiente de negócios do país, como o nível de inflação, a determinação da taxa básica de juros (Selic), a apreciação ou depreciação do real frente ao dólar (taxa de câmbio), entre outras variáveis que influem em nosso planejamento.

- **Orçamento Familiar:** A definição do orçamento doméstico é a etapa básica para todos aqueles que iniciam a formação de um portfólio pessoal ou familiar, na medida em que serão realizadas as estimativas de receitas e despesas, com questionamentos sobre a origem e destinação dos recursos, a partir de um modelo de orçamento familiar adaptativo ao perfil de cada leitor. Trazemos considerações sobre situações de superávit e déficit, além dos conceitos sobre despesas obrigatórias e discricionárias, como encarar o endividamento pessoal voluntário e involuntário e uma análise da evolução do comprometimento da estrutura patrimonial.

- **Imóveis:** Escolher entre morar em um imóvel próprio ou morar em um alugado não é uma decisão fácil, mas pode ser bem dimensionada ao levar em conta os aspectos do orçamento doméstico e o perfil de cada grupo familiar. Neste capítulo, foram debatidas as opções entre adquirir um imóvel para uso próprio (moradia) ou como forma de investimento (rendimento via aluguel) e as considerações sobre o estado do bem a ser adquirido (em construção, pronto ou usado); também foram apresentadas simulações de financiamentos imobiliários e indicadores próprios do mercado imobiliário.

- **Empreendedorismo — Negócio Próprio:** A opção pelo negócio próprio também pode ser entendida como uma forma de alocação patrimonial dos recursos pessoais. Neste capítulo, são abordados os conceitos de empreendedorismo e os principais passos nas transações de compra e venda de uma empresa, além da apresentação de um exemplo de estudo de viabilidade de um projeto novo ou em andamento.

- **Ativos Financeiros — Formação de Portfólio:** Neste capítulo, tratamos do perfil de risco dos investidores e de estratégias de formação e alocação de carteira, além da descrição das principais classes de ativos financeiros do mercado, tais como pós-fixados, pré-fixados, títulos de inflação (juros reais), multimercados, fundos de fundos, ações, fundos de *venture capital* e *private equity*, fundos imobiliários, investimentos no exterior e previdência privada. O capítulo teve a colaboração do economista Leonel Barbosa Rocha Pitta, Assessor sênior do Itaú Private Banking, em depoimento aos economistas Victor da Silva Catharino e Pedro Gonçalves Monni, editado pelo autor.

- **Conclusão: Advertência**

- **Anexo — Matemática Financeira:** A matemática financeira tem como principal objetivo o acompanhamento da variação do dinheiro no tempo. Assim, este anexo torna-se indispensável ao leitor ao apresentar as noções de matemática financeira aplicada ao dia a dia, como juros simples e compostos, taxas de juros no mercado financeiro, inflação, série de pagamentos ou compras parceladas, financiamentos imobiliários e compras parceladas, contando com exemplos práticos e aplicações em Excel e na calculadora financeira HP12C. Neste anexo, contamos com a colaboração de Ary Vieira Barradas, professor do Instituto de Economia da UFRJ, graduado em Matemática (IM/UERJ–1972), mestre em Matemática (IM/UFRJ–1978) e doutor em Engenharia de Produção pela COPPE/UFRJ.

Capítulo 1

NOÇÕES GERAIS E CONJUNTURA

O PLANEJAMENTO

Iniciar-se em planejamento financeiro pessoal envolve organizar os bens que possuímos, nossas dívidas, nossos recebimentos e compromissos e nossos investimentos na moeda corrente do Brasil.

Essa conversão se dá porque a moeda tem, como sabemos, três funções básicas, sendo a primeira um meio de troca, a segunda uma reserva de valor e a terceira uma unidade de conta.

Se, então, quiséssemos resumir os objetivos deste livro, poderíamos dizer que se trata de obter reservas de valor, como na segunda opção da função básica mencionada, e usar a moeda como meio de avaliação e unidade de conta desse nosso planejamento.

Do que se trata o planejamento financeiro pessoal? Vamos por partes:

- *Planejamento*: porque, a partir da avaliação do momento presente, teremos como saber de quanto dispomos e quais são nossas receitas para atender compromissos e possibilitar investimentos, e, em caso de falta de recursos, os empréstimos e financiamentos temporários, ou uma reestruturação nos fundamentos de nossa posição e nossas perspectivas.

- *Financeiro*: por definição, consiste na questão de como financiar uma operação empresarial ou pessoal, caso que é apresentado neste livro. Em uma empresa, muitas pessoas se perguntam

NOÇÕES GERAIS E CONJUNTURA

como o diretor financeiro faz seu trabalho, que é equilibrar o fluxo de recebimentos e o de pagamentos com o que temos disponível no momento; no planejamento pessoal, o diretor financeiro é o próprio leitor.

- **Pessoal**: pois estamos considerando nossa unidade pessoal ou familiar, e essa unidade tem características muito semelhantes a uma operação empresarial, já que ambos recebem, pagam, investem ou fazem empréstimos.

Ocorre que a tradição do Brasil — por diversos motivos que a esta obra não será proveitoso explanar — foi de inflação muito alta em comparação aos países desenvolvidos e monetariamente estáveis.

Por conta dessa inflação tão alta no século XX, nossa moeda teve sete variações: mil-réis, cruzeiro, cruzeiro novo, cruzado, cruzado novo, cruzeiro real e real, o que dificulta muito a avaliação ao longo do tempo: experimente buscar uma avaliação atual, somente pela variação monetária, de um imóvel adquirido no tempo em que a moeda era o cruzeiro — podemos garantir que não será uma tarefa fácil, devido à conversão, ao número de zeros, a tabelinhas etc. É claro que isso é só um exemplo, pois a conversão monetária do valor de um imóvel neste longo tempo não tem a ver somente com a variação de moeda, mas com diversos fatores de mercado, depreciação, estado de conservação, localização e momento de demanda e oferta de imóveis equivalentes.

Acresce que, no Brasil, a guarda de moeda nunca foi uma coisa simples; se quisermos uma recordação da história basta lembrar do Plano Collor (março de 1990), quando houve nada menos que o surpreendente confisco das contas correntes, da poupança e de investimentos, para devolução muito tempo depois em parcelas corrigidas pelos magros rendimentos da caderneta de poupança.

Em junho de 1994, tivemos a criação do real que, felizmente, prevalece até hoje. No entanto, para ter uma ideia, naquele ano a cotação cambial era de R$/US$0,83, ao compararmos com 2021 (em R$/US$5,50), são mais de 560% em quase trinta anos; a inflação medida pelo IPCA/IBGE foi de 556%. Analisando somente este cálculo já percebemos que o leitor, o planejador financeiro pessoal, não tem um trabalho fácil; a perda do valor da moeda frente a uma cesta de bens determinada — em outras palavras, o que chamamos de inflação dos preços — é grande, mesmo fora da hiperinflação.

Menos de cinco anos depois da criação do real tivemos, em janeiro de 1999, um novo susto forte: o dólar passa a ser cotado a R$1,99, em maxidesvalorização nunca antes vista, 65% em um mês.

A inflação e a desvalorização cambial infelizmente estão longe de ser nossos únicos problemas na área política e econômica. A seguir, vamos listar alguns dos problemas que, em nossa opinião, caracterizam nosso país.

A incerteza jurídica que contamina o ambiente de negócios

O Brasil está em péssima posição no ranking *Doing Business*, organizado pelo Banco Mundial. O que isso significa? Empreender no Brasil, isto é, estabelecer uma empresa de qualquer porte, não é uma tarefa fácil, já que o ambiente que nos cerca não é favorável — há excesso de burocracia, carga fiscal muito pesada, legislação trabalhista e, também, dificuldades e elevados custos de captação de recursos, sejam de risco, sejam de empréstimo. Se é difícil empreender, também não é fácil se empregar, manter um emprego e se desenvolver, o que afeta nosso planejamento financeiro pessoal. Em outras palavras, estamos mais cercados de dificuldades do que facilidades.

A torrente de escândalos de corrupção aliada ao populismo e à idolatria personalista

Nosso sistema político é muito pouco desenvolvido, fruto de nossa baixa educação e desigualdade social: é complicado definir onde uma delas começa e a outra termina, pois são fatores de alimentação mútua. A falta de educação moral e o deficiente sistema de controles do governo, em todas as suas esferas, propiciam a alguns poucos funcionários do governo — muitos indicados por políticos inescrupulosos — o enriquecimento ilícito, o que é muito desestimulante para as atividades econômicas e constitui um desvio de conduta em uma sociedade democrática como a que desejamos.

A lentidão da justiça e sua parcialidade

Nosso sistema judiciário é extremamente lento e, por isso, as diversas questões da sociedade não têm respostas a tempo adequado; por meio de alguns exemplos torna-se fácil compreender essa colocação.

Vamos pensar na dificuldade de cobrar uma dívida não paga quando necessitamos recorrer ao sistema judiciário; além da lentidão, muitas vezes os juízes querem fazer justiça social pelas próprias mãos, o que não é de sua competência, e acabam por proteger a quem mais têm apreço, fato este que causa menos inconformismo quando presenciado na aplicação de políticas públicas do que nas decisões judiciais. Quando falamos de dívida, neste caso, podemos citar também a cobrança, pelo locador, de aluguéis atrasados pelo locatário ou, ainda, na justiça trabalhista, uma tendência de proteção desmedida do trabalhador em muitos casos, o que causa uma retração na contratação de mão de obra.

O baixo nível de escolaridade da população

É notório que a expansão recente do desenvolvimento de países bem-sucedidos está fundada na melhoria educacional (países escandinavos, Coreia do Sul etc.). No Brasil, essa situação dificulta a mobilidade social e a maior eficiência da economia, isto é, sua produtividade, e isso é grave ao levarmos em conta o consenso de que a economia avança pelo aumento da produtividade. Como definição, produtividade é conseguir produzir mais com menos recursos, tanto matéria-prima quanto mão de obra ou todos os recursos que compõem o produto final fornecido ao consumidor.

A fragilidade da infraestrutura logística

Além do ambiente de negócios não nos ser favorável, a infraestrutura logística no Brasil (portos, aeroportos, estradas, ferrovias) é precária, o que limita o crescimento e o retorno dos investimentos. Basta observar que os transportes no Brasil — país de dimensões continentais, como os EUA ou o bloco da União Europeia — são feitos por rodovias em geral mal mantidas e com custos excessivos de combustível e materiais de manutenção. Não temos ferrovias adequadas ou transporte fluvial e marítimo de cabotagem que possa facilitar nossa vida empresarial. Tudo isso onera a produção e a distribuição e quem paga no final é o consumidor, logo, isso afeta diretamente nosso planejamento financeiro pessoal.

NOÇÕES GERAIS E CONJUNTURA

TEMPO E DINHEIRO

Quando falamos em dinheiro, a ideia de tempo está sempre presente. Vejamos:

- Ganhamos tantos reais por **mês.**

- A prestação do imóvel ou o aluguel é **mensal.**

- Os impostos são **mensais, trimestrais** ou **anuais.**

- As contas básicas de serviços de concessionárias, condomínio, escola, planos de saúde etc. são **mensais.**

- As aplicações financeiras são por um prazo determinado, geralmente mensal ou anual.

- Os juros são calculados por período **(dia, mês, ano).**

- Os lucros das empresas e os dividendos são apurados periodicamente, por **mês, trimestre** ou **anualizados.**

É, portanto, indispensável saber compatibilizar **tempo** e **dinheiro.** Mas como planejar essa formação de patrimônio e usufruir dele ao mesmo tempo?

Para responder a isso, voltaremos a uma questão fundamental: o dinheiro em si não tem utilidade, pois sua função é se transformar em bens e serviços consumíveis, duráveis ou bens como imóveis, seja imediatamente, seja no futuro. Sim, a acumulação e a formação de reservas com investimentos trazem tranquilidade no sentido de que o consumo futuro está garantido. Este é, aliás, o sentido da previdência social, poupar enquanto a atividade laboral existe e acumular para garantir os desembolsos para o sustento no período de aposentadoria, já que a previdência social não mantém o padrão de vida anterior.

13

Neste momento fica clara a necessidade do equilíbrio das decisões, não só sobre o presente mas quanto ao futuro, indiretamente implicando o "gerenciamento de riscos", seja de nossas receitas e despesas presentes e futuras, seja de como vamos organizar a guarda de nossas reservas, com manutenção do seu poder aquisitivo e um aumento como prêmio de espera pelo consumo, por meio de juros, dividendos, valorização de ativos e outras receitas possíveis.

É preciso considerar o conceito econômico de escassez; só no paraíso teremos vales verdes com abundância de leite e mel, como nos relataram os tempos bíblicos. Vejamos que, até pouco tempo atrás, tudo era escasso, menos a água e o ar. Hoje, o ar puro e a água limpa são escassos, e muito.

Não há como fugir da aritmética básica, o conceito fundamental em nosso planejamento financeiro pessoal: é impossível sempre gastar mais do que ganha; no entanto, embora pareça óbvio, grande parte dos agentes econômicos — pessoas, famílias, empresas e governo — se esquecem desse princípio.

Evidentemente, para suprir algumas necessidades imediatas fora do tamanho de nosso fluxo de caixa e reservas, há sempre a possibilidade de financiamentos. Neste ponto vale pensar no sistema bancário inglês, no qual se oferecem *advances*, adiantamentos de receitas futuras, já que se pressupõe que os financiamentos serão pagos com recebimentos futuros, por isso o conceito de adiantar-se ao fluxo deles.

Isso é válido para o mais tradicional financiamento para pessoas e famílias, o financiamento imobiliário, já que adquirir um imóvel para sua residência própria pode ser um dos projetos da vida financeira. Posteriormente, em um capítulo deste livro vamos discorrer com mais profundidade sobre este tema e sobre a conveniência de obter um financiamento imobiliário cujas prestações, juros e seguros caibam no orçamento atual e futuro.

NOÇÕES GERAIS E CONJUNTURA

Este financiamento imobiliário — assim chamado pois está vinculado a um bem dado em garantia, não se compara a empréstimos de curto prazo, que são realizados sem garantia específica, a não ser o bom nome do devedor, para resolver eventualidades e emergências.

Por semelhança, podemos falar nas empresas que têm empréstimos de curto prazo para financiar a produção e financiamentos de longo prazo para aquisição de bens de maior valor e que terão durabilidade contada em anos.

Já nos governos, temos a eterna questão do endividamento, que ultrapassa o raciocínio lógico normal e razoável, turvado pela "política". Algumas funções da sociedade não podem esperar, sejam de curto prazo — o combate à pandemia e o auxílio emergencial, por exemplo —, sejam de longo prazo, como investimentos, e para tanto não se conhece país que não tenha recorrido à dívida pública, o que comentaremos mais à frente. Aliás, a "compra" dessa dívida pública, os títulos de crédito emitidos pelos Tesouros de cada país, constituem uma forma de investimento pessoal que será descrita como opção de ativos financeiros em seus distintos formatos.

Note que o incentivo a poupar deve ser do indivíduo, ou melhor, é importante ter em mente que o esforço do poupador é mais importante em geral do que o retorno que será obtido normalmente pelos investimentos financeiros. Em outras palavras, não se devem esperar "milagres" — isto é, efeitos sem causa extraordinários, a não ser em ocasiões muito raras. Para radicalizar o exemplo e facilitar a sua compreensão, imagine o "investimento" da compra de um bilhete de loteria, cuja probabilidade de acerto deve estar na casa de centésimos de milionésimos, um pequeno esforço para um grande retorno. Assim, o planejador financeiro deve ter como expectativa retornos razoáveis e não "grandes tacadas", *inside information*, nem *beginners' luck*. A mate-

15

mática é clara: em uma mesa de jogo com apostas reiteradas, a banca sempre vence.

Assim, uma forma de tomar cuidado é imaginar que nossas economias podem ser remuneradas tendo como base as taxas de juros de longo prazo dos títulos do Tesouro Nacional (seja na modalidade de renda pré-fixada, seja corrigida pela inflação) mais juros; acima deste patamar, vamos encontrar mais riscos e menor liquidez, objeto de outro capítulo, com mais detalhes.

CONJUNTURA

Quando pensamos em planejamento financeiro, precisamos estar atentos aos dados gerais da conjuntura econômica presente — e de sua evolução do passado até hoje — para saber onde nos situamos.[1]

No quadro seguinte temos a evolução da taxa de câmbio do dólar (R$/US$) ao longo do tempo, que está vinculada a diversos episódios políticos e econômicos, desde a insegurança até os fluxos de capitais internacionais relacionados a investimentos, empréstimos e exportações e importações, o fluxo financeiro do Brasil com outros países.

---

1 A versão atualizada dos gráficos deste livro está disponível no site www.altabooks.com.br (mediante busca pelo título ou ISBN do livro).

NOÇÕES GERAIS E CONJUNTURA

GRÁFICO 1 TAXA DE CÂMBIO NOMINAL R$/US$
Nominal — comercial — venda (média mensal)
(JAN/2002–ABR/2021)

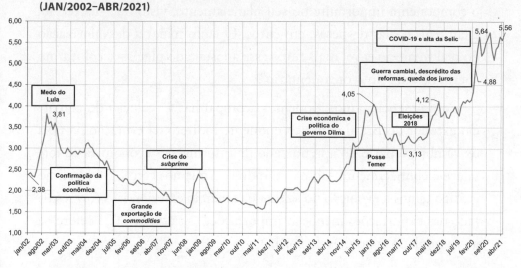

Elaboração: ProFit | *Fonte:* Banco Central do Brasil

Esse gráfico é interessante pois uma parte dos bens que consumimos é importada, seja o produto final, sejam produtos intermediários, de modo que a taxa de câmbio afeta nosso poder aquisitivo indiretamente: até mesmo bens exportados pelo Brasil, como carne, por exemplo, têm cotação internacional, e assim o mercado interno reflete essas variações da cotação e de sua conversão em moeda nacional.

Vale também ponderar que a taxa de câmbio está diretamente ligada à inflação de preços no país, talvez um dos componentes mais importantes e presentes em todo o nosso planejamento financeiro pessoal, pois afeta tanto nossos recebimentos como nossos desembolsos, o estoque de nossas reservas e nossas dívidas.

Como exemplo prático, recentemente ouvimos de um funcionário público brasileiro aposentado que mora em Portugal como a cada mês o crédito do valor de sua aposentadoria variava em função da taxa de

17

câmbio, já que o valor em reais é fixo e o crédito no exterior reflete a taxa de câmbio: assim, neste exemplo, a taxa de câmbio é efetivamente o componente importante no seu planejamento, visto que sua receita é em reais e suas despesas, em euros. Quanto maior a desvalorização do real frente ao euro, mais furos esse aposentado precisava colocar no aperto de seu "cinto orçamentário".

Como mencionamos, podemos acompanhar a evolução do comércio exterior do Brasil como componente indireto da evolução da taxa de câmbio; é parte do aprendizado de informações econômicas e fortalece o conhecimento sobre o mundo real que nos cerca. No próximo gráfico temos a evolução do saldo de comércio exterior, isto é, o resultado das exportações menos as importações (o saldo de 2021 refere-se ao acumulado até o mês de abril).

GRÁFICO 2   SALDO BALANÇA COMERCIAL
2000–2021 (EM R$ MILHÕES)

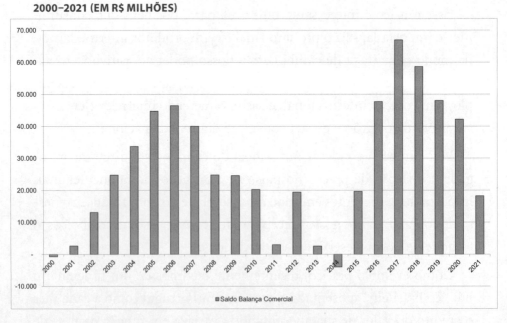

NOÇÕES GERAIS E CONJUNTURA

É relevante saber como tem sido o comportamento do volume de reservas internacionais, isto é, o montante de moeda estrangeira — as chamadas divisas — que o Brasil tem como garantia de suas obrigações no exterior. Pelo gráfico, é possível verificar como nos estabilizamos em torno de US$350-400 bilhões quando no início do século estávamos com valores na casa dos US$50 bilhões, um salto que justifica estarmos bem seguros quanto ao ambiente externo.

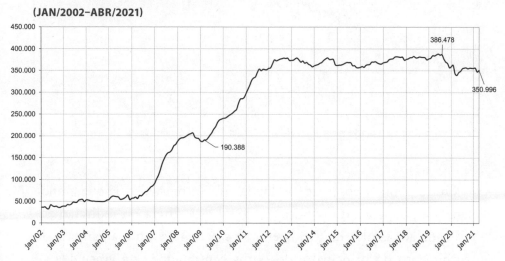

GRÁFICO 3 RESERVAS INTERNACIONAIS
Conceito liquidez total (em US$ milhões)
(JAN/2002-ABR/2021)

Elaboração: ProFit | *Fonte:* Banco Central — Sistema Gerenciador de Séries Temporais (SGS)

Consideramos indispensável termos em mente a evolução do PIB (produto interno bruto), que registra como ocorre o crescimento de atividades na agricultura, indústria, serviços etc., o que terá uma repercussão em nosso planejamento. A evolução geral do país na área econômica influencia sobremaneira nossas expectativas para o planejamento, no sentido de que, em ambiente mais favorável, obtemos receitas do rendimento do trabalho, do empreendedorismo ou dos investimentos financeiros.

GRÁFICO 4 **PIB MENSAL**
Valores correntes (em R$ milhões)
(JAN/2011–MAR/2021)

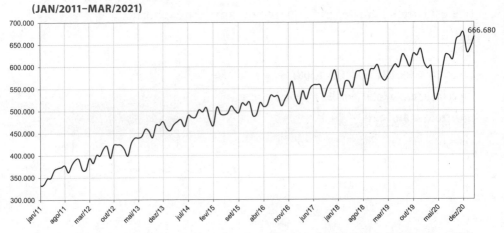

Fonte: Elaboração própria com base nos dados do Banco Central — Sistema Gerenciador de Séries Temporais (SGS)

Outro ponto a observar é a dívida pública brasileira, já que grande parte da poupança do público em geral está direta ou indiretamente ligada aos títulos de dívida emitidos pelo governo e a garantia do recebimento do principal e dos juros contratados está vinculada ao montante da dívida e aos orçamentos fiscais equilibrados. Não é possível, infelizmente, aumentar sem limites o valor de nossas dívidas, independentemente de sermos governo, empresas ou famílias; e estar atento a essas variações faz parte de nosso aprendizado e de nosso estado de alerta sobre a realidade em que nos encontramos.

NOÇÕES GERAIS E CONJUNTURA

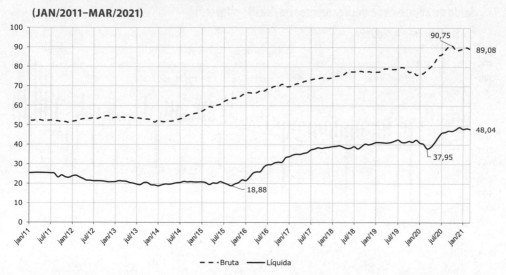

GRÁFICO 5 DÍVIDA DO SETOR PÚBLICO (% do PIB)
(JAN/2011–MAR/2021)

Fonte: Elaboração própria com base nos dados do Banco Central — Sistema Gerenciador de Séries Temporais (SGS)

O entendimento da situação de emprego no Brasil se dá por duas fontes distintas: o emprego em geral por estimativa do IBGE, incluindo trabalhadores formais pela CLT e informais, e as informações do Cadastro Geral de Empregados e Desempregados (CAGED), que registra os movimentos de admissão e demissão de empregados formais.

GRÁFICO 6 CAGED – EVOLUÇÃO DO EMPREGO
Saldo de admissões e desligamentos no Brasil (milhares)
(JAN/2014–MAR/2021)

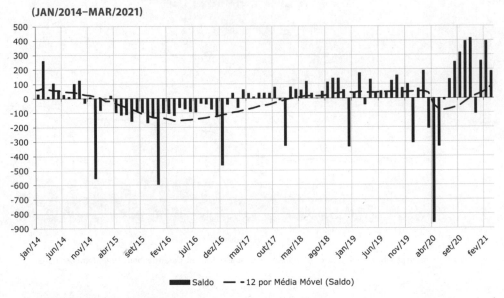

Elaboração: ProFit | Fonte: CAGED/MTE

Cumpre monitorar as atividades econômicas, de onde estamos recebendo nossos vencimentos, seja por salários, seja por lucros de empresas, seja por outros rendimentos que recebemos; a evolução da taxa de desemprego é uma variável que devemos ter em conta: imagine que o planejador financeiro é empregado em uma empresa do setor privado e essa taxa poderá indicar a situação geral do mercado de emprego. Observa-se que, a partir do início do período de agravamento da pandemia de Covid-19, o nível de desemprego subiu para 14,5%.

NOÇÕES GERAIS E CONJUNTURA

GRÁFICO 7 DESEMPREGO
Taxa de desocupação e população desocupada
(JAN/2013 - FEV/2021)

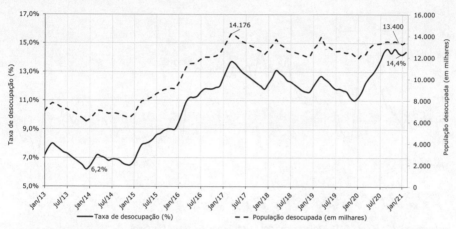

Elaboração: ProFit | *Fonte:* PNAD Contínua/IBGE

O preço do petróleo tem importância direta para o país, e mais fortemente para o Rio de Janeiro, já que, no estado, os royalties do petróleo têm uma participação forte na receita. Para o Rio de Janeiro, a indústria do petróleo é propulsora e multiplicadora de negócios correlatos à extração, produção e distribuição. A variação internacional do preço do petróleo também afeta a cadeia produtiva de seus derivados, como a indústria plástica, além de ter consequências diretas sobre o preço dos combustíveis, o que gera uma grande oscilação de mercado, como tem sido observado nas variações no preço da gasolina e do diesel pela Petrobras.

GRÁFICO 8   COTAÇÃO INTERNACIONAL DO PETRÓLEO
em US$
(JAN/2006 - MAI/2021)

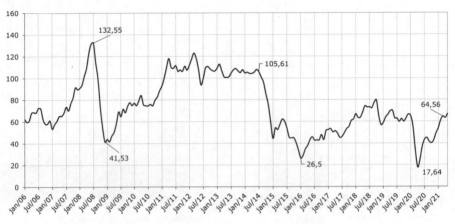

Elaboração: ProFit | *Fonte:* OPEP (Organização dos Países Exportadores de Petróleo)

Tal como mencionamos nas observações sobre a taxa de câmbio, a variação da inflação deve estar associada ao nosso planejamento financeiro por diversos itens, tais como receitas, desembolsos, aplicações financeiras e dívidas de qualquer natureza.

É conveniente observar que a variação do índice de inflação adotada em geral é do IPCA (Índice de Preços ao Consumidor Amplo), um indicador do IBGE que faz uma pesquisa de preços de uma "cesta de consumo" teórica por uma determinada faixa de renda em diferentes regiões do país.

A "cesta de consumo" de cada um de nós é variável segundo nossa renda, região, preferências, hábitos etc., e não terá necessariamente relação direta com o IPCA, que deve ser entendido com essa limitação. Nota-se que o IPCA é o indexador da maioria dos títulos públicos que podemos adquirir no Tesouro Direto como forma de poupar, além de ser o termômetro do Banco Central para dirigir a política monetária.

GRÁFICO 9 IPCA
% acumulado em 12 meses
(JAN/2010–ABR/2021)

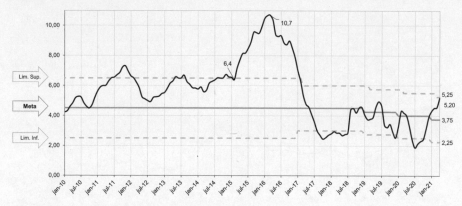

Elaboração: ProFit | *Fonte:* Banco Central e Relatório Focus

Outro indicador utilizado para medir a inflação é o IGP-M (Índice Geral de Preços do Mercado), produzido pela Fundação Getúlio Vargas (FGV), tendo sido um dos "vilões" da nossa economia recente, na medida em que este índice é comumente utilizado no reajuste de contratos de mercadorias, serviços e aluguéis. Como se observa pelo próximo gráfico, o IGP-M se "descolou" do IPCA ao longo de 2020 e 2021, sobretudo em razão de parte relevante de sua cesta de bens ser composta de itens influenciados pelo dólar, como insumos de produção e do agronegócio.

GRÁFICO 10 IPCA E IGP-M
(JAN/2011−ABR/2021)

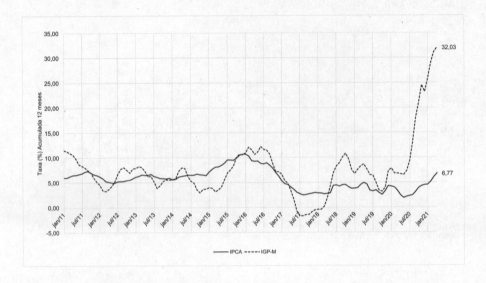

Indispensável para o planejador financeiro é a taxa básica de juros — taxa Selic — estabelecida pelo Comitê de Política Econômica (COPOM) do Banco Central nas datas das reuniões do plenário. A taxa Selic vai se converter, na prática, na taxa média do CDI mensal, base da remuneração bancária, em tese sem risco.

No gráfico a seguir se nota que a remuneração supera a inflação quase sempre, a menos do período da pandemia em 2020 e 2021, como incentivo de política monetária para conter a recessão.

NOÇÕES GERAIS E CONJUNTURA

GRÁFICO 11 **IPCA E CDI**
(JAN/2011–ABR/2021)

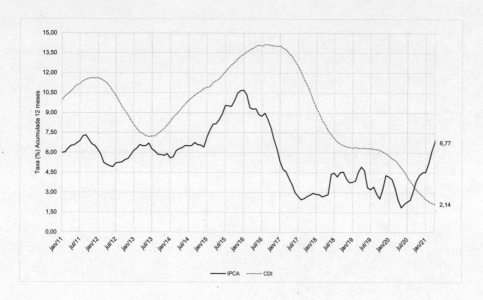

Capítulo 2

ORÇAMENTO FAMILIAR

A preparação e o acompanhamento de um orçamento pessoal e/ou familiar são providências iniciais a serem colocadas em prática por quem estiver realizando o planejamento financeiro, seja este próprio, seja de terceiros.

É surpreendente que uma ferramenta tão simples possa contribuir tanto para nosso propósito. O orçamento em si tem uma elaboração quase intuitiva, mas analisar e tomar as decisões corretas exige tempo, atenção e, muitas vezes, coragem, no sentido de enfrentar o que é preciso mudar, considerando nossos objetivos. Tal como no velho e sábio ditado, é preciso muita força de vontade para transformar o que pode ser mudado; paciência e resignação para o que não pode ser mudado; e sabedoria para distinguir as duas coisas.

Um orçamento pessoal está bem associado ao padrão de vida que escolhemos ou desejamos, assim, veremos que a maioria dos itens de despesas que dependem de nós pode ser objeto de revisão ou de adequação ao padrão de vida possível ou desejado.

ORÇAMENTO FAMILIAR

ESTIMATIVA DE RECEITAS E DESPESAS

O orçamento familiar tem início com a listagem de todos os nossos recebimentos, seja quais forem suas naturezas, como trabalho, rendas de aluguel, receitas financeiras etc., sempre associando o grupo familiar aos desembolsos, de modo que recebimentos e desembolsos se refiram às mesmas pessoas.

Para algumas pessoas, que precisam rever seu padrão de consumo associado às possibilidades financeiras, recomenda-se que, durante os primeiros meses, a apuração das despesas ocorra nos pequenos detalhes, para que se possa estabelecer um diagnóstico com a maior exatidão possível e chegar a um resultado adequado. Assim é possível alcançar uma condição de superavit nas suas finanças pessoais, o que contribuirá para a formação patrimonial e a construção da carteira de investimentos.

A seguir, apresentamos um quadro exemplificativo com uma estrutura de orçamento familiar, composto de itens de receitas e despesa, que devem ser agrupados por origem ou finalidade.

Além da possibilidade de elaborar um modelo de orçamento familiar com papel, lápis e uma calculadora, e além das planilhas financeiras, atualmente existem diversos aplicativos disponíveis para computadores, tablets ou smartphones, em formatos gratuitos ou pagos.

Como se observa a seguir, o modelo de orçamento contém três grupos de colunas, contendo, respectivamente, as informações dos valores previstos no orçamento, os valores efetivamente apurados no mês e a diferença entre o realizado e o orçado, para que seja possível perceber com clareza quais itens tiveram um desvio em relação ao previsto no orçamento.

CONQUISTANDO SEU FUTURO FINANCEIRO

GRÁFICO 1 **MODELO DE ORÇAMENTO FAMILIAR**

ITENS	ORÇAMENTO		REALIZADO		DIFERENÇA	
	R$	%	R$	%	R$	%
Receita	**7.500**	**100%**	**7.500**	**100%**	**-**	**0%**
Salário	7.000	93%	7.000	93%	-	0%
Renda financeira	500	7%	500	7%	-	0%
Outros	-	0%	-	0%	-	-
(-) Deduções da Receita	**5.050**	**67%**	**5.550**	**74%**	**(500)**	**10%**
DESPESAS DE MORADIA	1.850	25%	1.900	25%	(50)	3%
Aluguel/Parcelas do imóvel	1.000	13%	1.000	13%	-	0%
Conta de luz/Água	500	7%	550	7%	(50)	10%
Conta de telefone/ TV	150	2%	150	2%	-	0%
Melhorias	100	1%	200	3%	(100)	100%
Outros	100	1%	-	0%	100	-100%
VIDA DIÁRIA	2.100	28%	2.350	31%	(250)	12%
Supermercado/Prod. de limpeza	1.000	13%	1.200	16%	(200)	20%
Educação	1.000	13%	1.000	13%	-	0%
Outros	100	1%	150	2%	(50)	50%
TRANSPORTE	600	8%	500	7%	100	-17%
Parcelamento do carro	-	0%	-	0%	-	-
Ônibus/Táxi	600	8%	500	7%	100	-17%
Combustível	-	0%	-	0%	-	-
Seguro de carro	-	0%	-	0%	-	-
SAÚDE	100	1%	150	2%	(50)	50%
Seguro de vida	50	1%	50	1%	-	0%
Medicamentos	50	1%	100	1%	(50)	100%
OBRIGAÇÕES	200	3%	300	4%	(100)	50%
Dívidas	-	0%		0%	-	-
Cartão de crédito	200	3%	300	4%	(100)	50%
LAZER	200	3%	350	5%	(150)	75%
Hobbies	100	1%	150	2%	(50)	50%
Viagens	50	1%	200	3%	(150)	300%
Entretenimento (cinema etc.)	50	1%	-	0%	50	-100%
(=) Resultado	**2.450**	**33%**	**1.950**	**26%**	**500**	**-20%**

ORÇAMENTO FAMILIAR

Um erro muito comum é atribuir ao valor disponível no **cartão de crédito** (limite do cartão) o status de receita recorrente quando, na verdade, o cartão de crédito deve ser percebido tão somente como um meio de pagamento, assim como o dinheiro em espécie, as transferências eletrônicas, o cartão de débito e o cheque.

Quando se trata do panorama das contas públicas brasileiras, as despesas podem ser separadas em dois grandes grupos, de acordo com a liberdade que o governo tem para executá-las: as obrigatórias e as discricionárias. De forma similar, é possível replicar esses conceitos para a estrutura do orçamento familiar.

Como o próprio nome já diz, as **despesas obrigatórias** são aquelas que não se pode deixar de fazer, em função de compromissos já assumidos. Por exemplo, seria o caso das despesas com aluguel ou prestação de amortização e juros de financiamento imobiliário. Por outro lado, quando o indivíduo tem a possibilidade de realizar ou não um gasto, trata-se de uma **despesa discricionária**, mais fácil de ser administrada sem mudanças estruturais.

O movimento dessas despesas leva à percepção sobre a rigidez do orçamento pessoal, pois possibilita uma reflexão sobre a margem de ação para se alterar a previsão de determinado item; assim, uma boa divisão do orçamento pessoal é distinguir o que é rígido e o que é flexível.

Vamos para as mais fáceis, as despesas flexíveis: para um exemplo bem objetivo, todos precisam realizar desembolsos para alimentação, mas a qualidade do que se compra é eletiva, no sentido de que há uma opção entre alimentos que têm o mesmo valor nutritivo, mas preços diferentes, o que significará também a opção pessoal de acordo com o gosto de cada pessoa e de sua família.

Seguindo a mesma lógica se apresentam diversos itens, como lazer, cultura e divertimento; há opções para cada bolso. Embora a Estátua da Liberdade esteja exclusivamente em Nova York, o Coliseu em

Roma, a Torre Eiffel em Paris e o Cristo Redentor no Rio de Janeiro, os desejos pessoais com viagens de lazer podem ser direcionados a outras experiências que resultem em um gasto menor, ou ainda uma viagem para um local desejado pode ser incluída no orçamento considerando um planejamento financeiro adequado, com uma estrutura que permita ao grupo familiar a realização de seus objetivos de forma condizente com o que foi planejado dentro do orçamento.

Ainda no rol de exemplos, o item "transporte" pode abrigar tanto os gastos com automóveis de luxo como com veículos populares, ou considerar os meios de transporte coletivo, até mesmo a utilização de uma bicicleta. O item "vestuário" pode oscilar entre o básico, o indispensável e a última moda de luxo, mais cara.

O planejador terá, entretanto, de verificar o que efetivamente está classificado como "rígido", que tem essa classificação associada ao curto prazo, isto é, a um período de no máximo um ano. Por exemplo, o gasto com moradia está associado ao tamanho, à localização e à qualidade do imóvel, seja próprio, seja alugado. E, claro, as prioridades de cada um são fundamentais em todas as opções, tanto de caráter rígido quanto flexível.

ANÁLISE DO ACOMPANHAMENTO MENSAL DO ORÇAMENTO

Do resultado que apurarmos, de superavit ou deficit, passaremos a tirar conclusões sobre os valores, tanto em termos absolutos como relativos. Se houver **superavit**, o resultado poderia ser melhorado com mais receitas e ajustes nas despesas? Como mencionamos, a partir desse superavit poderemos passar ao capítulo de ativos financeiros e, como consequência, adequar nossas escolhas de portfólio.

ORÇAMENTO FAMILIAR

Em caso de **deficit**, será preciso avaliar se essa condição é temporária em razão de despesas extraordinárias, isto é, que não são recorrentes, se são sazonais ou permanentes, e identificar em que ponto e a que medida é possível pensar em ajustes.

Uma vez efetuado o primeiro levantamento do orçamento realizado ou presente, vamos partir para um orçamento previsto, com metas estabelecidas pelo planejador. É necessário salientar que "previsão" não é adivinhar o futuro, mas estabelecer metas, por que e onde queremos chegar, e é nesse momento que se estabelece o balanço definitivo entre desejar consumir no presente ou poupar.

Como mencionamos na Introdução, poupar deve ser entendido como adiamento do consumo, e para esse sacrifício vamos tentar receber o melhor rendimento possível em nossos investimentos, seja para alcançar, pelo acúmulo, a compra de um bem mais valioso, como um automóvel ou casa nova, seja para a formação de reservas para contingências — os chamados "dias de chuva" —, seja para formar um fundo para a aposentadoria ou para quando as receitas diminuírem por algum motivo.

Deve-se acompanhar mensalmente um orçamento, além de comparar o que foi previsto com o que foi efetivamente realizado e entender e justificar as variações, pois nesse momento se analisa se o orçamento foi bem feito, se precisa de revisão ou se a realidade foi alterada após a época de sua preparação.

Tão útil quanto o orçamento é montar um histórico das despesas e compará-las com o igual período do ano anterior, por exemplo. E não somente comparar o valor do mês do ano corrente com o ano anterior, mas também os valores acumulados até a data. Assim, será possível avaliar as variações de todas as rubricas e tomar as melhores decisões para nosso planejamento financeiro.

ENDIVIDAMENTO PESSOAL

O orçamento familiar também deve contemplar uma análise sobre o endividamento da família, que pode ser discriminado em voluntário ou involuntário. Por voluntário, entende-se uma decisão muitas vezes necessária, como a aquisição de bens cujo pagamento pode ser parcelado, o que economicamente faz sentido, na concepção de que são bens duráveis e de que seu pagamento poderia estar apropriado pelo tempo de uso. Neste caso, podemos usar como exemplo um automóvel, os eletrodomésticos etc. O exemplo mais natural será o imóvel próprio para a sua moradia.

Evidentemente, isso faria sentido em um país imaginário, no qual os juros e encargos não fossem tão distantes da rentabilidade que se obtém na média das aplicações financeiras. A discussão, já conhecida, de que "à vista o preço é um e a prazo o preço é outro" enganosamente se combina com a publicidade do "financiamento sem juros"; isso nos remete à repetida frase atribuída ao economista Milton Friedman — mas na verdade muito anterior —, segundo a qual *não há almoço de graça, alguém sempre está pagando.*

Para o caso brasileiro, a realidade é que o financiamento de bens de consumo é impraticável, a não ser que, de fato, os comerciantes não optem por oferecer um desconto do pagamento à vista, como uma geladeira que tem em seu anúncio à vista o preço de R$3.000,00, e esse preço for exatamente o mesmo quando somadas as "dez parcelas sem juros" de R$300,00 cada, o que levaria naturalmente à opção do parcelamento, obviamente se o indivíduo for disciplinado e perceber o impacto da compra no seu desembolso mensal.

Já a dívida **involuntária** pode acontecer por imprevistos no orçamento pessoal ou por descontrole. Neste livro, por princípio, ser descontrolado é o oposto do que se espera para que se alcance um planejamento financeiro pessoal satisfatório, mas nesse caso estamos falando da decisão de contrair uma dívida, e isso se aplica ao que mencionamos anteriormente: no Brasil é quase impossível obter algum empréstimo de curto prazo razoável em termos de custos.

Mas pode ser que o leitor, neste momento, já venha até aqui com uma dívida contraída no passado; neste caso há três recomendações: negociar, negociar e negociar! Se a dívida foi contraída com uma instituição financeira (o que é mais frequente), independentemente do meio — como cheque especial, cartão de crédito etc. —, estas empresas têm departamentos exclusivamente estabelecidos para tratar dessas renegociações, o que dependerá também da habilidade negocial de cada um; neste caso, a recomendação é tentar quitar os financiamentos com juros e encargos mais altos.

COMPROMETIMENTO DA ESTRUTURA PATRIMONIAL

Uma vez estabelecido um orçamento familiar confiável, é interessante fazer uma projeção das reservas disponíveis, de seus rendimentos reais — acima da inflação —, de suas receitas não financeiras e, finalmente, de seus gastos.

No exemplo seguinte, o indivíduo partirá de suas reservas aplicadas, do valor estimado do rendimento real anual, de seus rendimentos não financeiros e de desembolsos anuais. Observa-se que o gasto anual acima dos recebimentos vai consumindo as reservas, e, seguindo nessa progressão, ao final de 30 anos, o indivíduo terá menos de 60% do patrimônio inicial. Obviamente, é válido como exercício futurista, mas pode servir de alerta para uma mudança da estrutura financeira pessoal ou familiar desde já.

CONQUISTANDO SEU FUTURO FINANCEIRO

GRÁFICO 2 **SIMULAÇÃO DA EVOLUÇÃO PATRIMONIAL (UTILIZANDO AS RESERVAS)**

Ano	Patrimônio em ativos financeiros Posição inicial	Rendimento anual (2%)	Rendimentos não financeiros	Desembolsos anuais	Patrimônio em ativos financeiros Posição final	Variação patrimonial
1	R$1.000.000	20.000	R$120.000	-R$150.000	R$990.000	-1%
2	R$990.000	19.800	R$120.000	-R$150.000	R$979.800	-2%
3	R$979.800	19.596	R$120.000	-R$150.000	R$969.396	-3%
4	R$969.396	19.388	R$120.000	-R$150.000	R$958.784	-4%
5	R$958.784	19.176	R$120.000	-R$150.000	R$947.960	-5%
6	R$947.960	18.959	R$120.000	-R$150.000	R$936.919	-6%
7	R$936.919	18.738	R$120.000	-R$150.000	R$925.657	-7%
8	R$925.657	18.513	R$120.000	-R$150.000	R$914.170	-9%
9	R$914.170	18.283	R$120.000	-R$150.000	R$902.454	-10%
10	R$902.454	18.049	R$120.000	-R$150.000	R$890.503	-11%
11	R$890.503	17.810	R$120.000	-R$150.000	R$878.313	-12%
12	R$878.313	17.566	R$120.000	-R$150.000	R$865.879	-13%
13	R$865.879	17.318	R$120.000	-R$150.000	R$853.197	-15%
14	R$853.197	17.064	R$120.000	-R$150.000	R$840.261	-16%
15	R$840.261	16.805	R$120.000	-R$150.000	R$827.066	-17%
16	R$827.066	16.541	R$120.000	-R$150.000	R$813.607	-19%
17	R$813.607	16.272	R$120.000	-R$150.000	R$799.879	-20%
18	R$799.879	15.998	R$120.000	-R$150.000	R$785.877	-21%
19	R$785.877	15.718	R$120.000	-R$150.000	R$771.594	-23%
20	R$771.594	15.432	R$120.000	-R$150.000	R$757.026	-24%
21	R$757.026	15.141	R$120.000	-R$150.000	R$742.167	-26%
22	R$742.167	14.843	R$120.000	-R$150.000	R$727.010	-27%
23	R$727.010	14.540	R$120.000	-R$150.000	R$711.550	-29%
24	R$711.550	14.231	R$120.000	-R$150.000	R$695.781	-30%
25	R$695.781	13.916	R$120.000	-R$150.000	R$679.697	-32%
26	R$679.697	13.594	R$120.000	-R$150.000	R$663.291	-34%
27	R$663.291	13.266	R$120.000	-R$150.000	R$646.557	-35%
28	R$646.557	12.931	R$120.000	-R$150.000	R$629.488	-37%
29	R$629.488	12.590	R$120.000	-R$150.000	R$612.078	-39%
30	R$612.078	12.242	R$120.000	-R$150.000	R$594.319	-41%

ORÇAMENTO FAMILIAR

Entretanto, se o planejador tiver um gasto anual abaixo dos recebimentos, vai fazendo crescer suas reservas, e seguindo nesta progressão, ao final de trinta anos, o indivíduo terá mais de 40% do patrimônio inicial. Vejamos:

GRÁFICO 3 **SIMULAÇÃO DA EVOLUÇÃO PATRIMONIAL (AUMENTANDO AS RESERVAS)**

Ano	Patrimônio em ativos financeiros Posição inicial	Rendimento anual (2%)	Rendimentos não financeiros	Desembolsos anuais	Patrimônio em ativos financeiros Posição final	Variação patrimonial
1	R$1.000.000	R$20.000	R$120.000	R$(130.000)	R$1.010.000	1%
2	R$1.010.000	R$20.200	R$120.000	R$(130.000)	R$1.020.200	2%
3	R$1.020.200	R$20.404	R$120.000	R$(130.000)	R$1.030.604	3%
4	R$1.030.604	R$20.612	R$120.000	R$(130.000)	R$1.041.216	4%
5	R$1.041.216	R$20.824	R$120.000	R$(130.000)	R$1.052.040	5%
6	R$1.052.040	R$21.041	R$120.000	R$(130.000)	R$1.063.081	6%
7	R$1.063.081	R$21.262	R$120.000	R$(130.000)	R$1.074.343	7%
8	R$1.074.343	R$21.487	R$120.000	R$(130.000)	R$1.085.830	9%
9	R$1.085.830	R$21.717	R$120.000	R$(130.000)	R$1.097.546	10%
10	R$1.097.546	R$21.951	R$120.000	R$(130.000)	R$1.109.497	11%
11	R$1.109.497	R$22.190	R$120.000	R$(130.000)	R$1.121.687	12%
12	R$1.121.687	R$22.434	R$120.000	R$(130.000)	R$1.134.121	13%
13	R$1.134.121	R$22.682	R$120.000	R$(130.000)	R$1.146.803	15%
14	R$1.146.803	R$22.936	R$120.000	R$(130.000)	R$1.159.739	16%
15	R$1.159.739	R$23.195	R$120.000	R$(130.000)	R$1.172.934	17%
16	R$1.172.934	R$23.459	R$120.000	R$(130.000)	R$1.186.393	19%
17	R$1.186.393	R$23.728	R$120.000	R$(130.000)	R$1.200.121	20%
18	R$1.200.121	R$24.002	R$120.000	R$(130.000)	R$1.214.123	21%
19	R$1.214.123	R$24.282	R$120.000	R$(130.000)	R$1.228.406	23%
20	R$1.228.406	R$24.568	R$120.000	R$(130.000)	R$1.242.974	24%
21	R$1.242.974	R$24.859	R$120.000	R$(130.000)	R$1.257.833	26%
22	R$1.257.833	R$25.157	R$120.000	R$(130.000)	R$1.272.990	27%
23	R$1.272.990	R$25.460	R$120.000	R$(130.000)	R$1.288.450	29%
24	R$1.288.450	R$25.769	R$120.000	R$(130.000)	R$1.304.219	30%
25	R$1.304.219	R$26.084	R$120.000	R$(130.000)	R$1.320.303	32%
26	R$1.320.303	R$26.406	R$120.000	R$(130.000)	R$1.336.709	34%
27	R$1.336.709	R$26.734	R$120.000	R$(130.000)	R$1.353.443	35%
28	R$1.353.443	R$27.069	R$120.000	R$(130.000)	R$1.370.512	37%
29	R$1.370.512	R$27.410	R$120.000	R$(130.000)	R$1.387.922	39%
30	R$1.387.922	R$27.758	R$120.000	R$(130.000)	R$1.405.681	41%

Capítulo 3

IMÓVEIS

USO PRÓPRIO

Obviamente, todos têm de morar em algum lugar, mas não é fácil escolher a melhor opção; alugar ou comprar, naturalmente, se houver disponibilidade financeira e crédito imobiliário.

Grande parte das decisões financeiras e econômicas não são puramente racionais, já que o próprio ser humano é racional e emocional ao mesmo tempo. No caso de um imóvel próprio para si e para sua família, há uma decisão que envolve a segurança pessoal e o sentimento de propriedade na perspectiva do futuro incerto. O aluguel residencial hoje é regido pela Lei nº 8.245, de 1991, a Lei do Inquilinato, que prevê que, nos contratos de locação por tempo determinado de no mínimo trinta meses, ou seja, dois anos e meio, a retomada do imóvel pelo proprietário será possível sem maiores complicações, pois o contrato pode ser simplesmente descontinuado.[1] Pensando na sua própria perspectiva de vida — e na de sua família —, é possível imaginar que, nos próximos 25 anos, haverá no horizonte 10 datas em que será possível uma troca de imóvel por encerramento de contrato, o que não é pouco e pode gerar uma instabilidade, e isso acaba explicando o motivo de a ambição pela "casa própria" estar tão enraizada em nossa cultura e, talvez, em caráter universal.

Não havendo certeza sobre a permanência da família em um mesmo bairro, cidade ou país, possivelmente o aluguel temporário pode ser uma boa solução, já que é mais simples fazer mudanças quando o

---

1 Art. 46, Lei nº 8.245/91.

IMÓVEIS

imóvel é alugado. A moradia própria pode apresentar problemas de liquidez na hora da venda, desvalorização por questões de alterações na localização ou ainda questões conjunturais da economia que mudam a valorização.

Vamos realizar uma análise da compra de um imóvel para uso próprio, havendo a disponibilidade financeira de um valor a fim de que seja pago um sinal e que seja efetuado o começo do pagamento do bem. Esta soma, suponhamos, compreenda 30% do valor da aquisição, para que se tenha uma base de negociação.

Em paralelo, seria oportuno consultar a instituição financeira que centraliza suas operações e saber qual o valor possuído por eles em seu cadastro para financiar; geralmente essa informação já está disponível sem negociação, com uma taxa de juros já calculada, mas sempre negociável.

Dispor do valor total do imóvel pode ser uma vantagem inicial, pela ideia de que se obterá uma vantagem no pagamento à vista, mas essa opção deverá ser comparada com o saldo de suas disponibilidades financeiras após a aquisição. Se essa aquisição consumir todas as suas reservas, será o caso de pensar na facilidade de obter um financiamento.

Caso opte pelo financiamento, devemos considerar, além do valor, as diversas condições, o prazo, os juros e a forma de correção das prestações e do saldo.

Pode não ser fácil escapar do financiamento imobiliário, pois se trata da aquisição de um patrimônio, mas todo cuidado é pouco na hora de contratar, já que é necessário pesquisar bastante e, havendo muita concorrência entre as instituições financeiras, deve-se obter o melhor negócio, entre taxa de juros, indexador e prazo. O tema de financiamento imobiliário daria um livro à parte, já que há opções sendo oferecidas de acordo com a legislação vigente e a conjuntura econômica. Há que se destacar um cuidado especial na aquisição de imóveis diretamente do construtor ou incorporador, já que neste caso o "valor à vista" costuma ser menor do que o valor base para o financiamento, o que terá de ser conferido na avaliação da transação como um todo.

VALOR

O valor do financiamento estará associado ao valor do imóvel e à disponibilidade de crédito pela instituição financeira em função de sua avaliação de crédito pessoal, já que o imóvel é adquirido com alienação fiduciária na maioria das vezes, o que constitui para o banco uma garantia bastante forte, já que, em tese, o banco é proprietário até que o financiamento seja quitado.

Com a ideia do valor necessário para a aquisição, partimos para calcular, no próprio site do banco financiador, o valor da prestação, que deverá caber no seu orçamento pessoal, assunto que também abordaremos em outro capítulo deste guia. Eventualmente, será necessário fazer a conta reversa: observar o valor da prestação que cabe no meu orçamento doméstico para então calcular o valor do financiamento; daí, retoma-se a procura de um imóvel cujo valor seja compatível com o sinal e as parcelas.

Seguindo nosso exemplo, vamos examinar uma proposta de financiamento imobiliário com dois sistemas oferecidos pelo mercado, o SAC (Sistema de Amortização Constante) e um sistema MIX, considerando um imóvel usado no valor de R$1.000.000,00 e uma entrada de R$300.000,00, por 180 meses. Nesta exemplificação, consideramos um imóvel residencial, novo, situado no Rio de Janeiro:

IMÓVEIS

GRÁFICO 1 **SIMULAÇÃO DE FINANCIAMENTO IMOBILIÁRIO – SISTEMA SAC**

Sistema SAC

Valor do Imóvel	Valor da Entrada	Prazo
R$ 1.000.000,00	R$ 300.000,00	180 meses

Primeira Parcela	R$ 7.983,00
Última Parcela	R$ 3.992,88
Taxa de Juros	11,5% a.a.

Evolução das Parcelas - Sistema SAC

Mês	Amortização	Juros	Seguro MIP	Seguro DFI	TAC	Parcela Total	Saldo Devedor
0	-	-	-	-			700.000,00
1	3.888,88	3.903,05	110,67	55,40	25,00	7.983,00	696.111,12
13	3.888,88	3.642,84	105,31	55,40	25,00	7.717,43	649.444,56
25	3.888,89	3.382,64	99,79	55,40	25,00	7.451,72	602.777,95
37	3.888,89	3.122,44	94,24	55,40	25,00	7.185,97	556.111,27
49	3.888,89	2.862,23	89,62	55,40	25,00	6.921,14	509.444,59
61	3.888,89	2.602,03	115,59	55,40	25,00	6.686,91	462.777,91
73	3.888,89	2.341,83	108,73	55,40	25,00	6.419,85	416.111,23
85	3.888,89	2.081,62	101,92	55,40	25,00	6.152,83	369.444,55
97	3.888,89	1.821,42	94,83	55,40	25,00	5.885,54	322.777,87
109	3.888,89	1.561,22	87,19	55,40	25,00	5.617,70	276.111,19
121	3.888,89	1.301,01	74,62	55,40	25,00	5.344,92	229.444,51
133	3.888,89	1.040,81	59,45	55,40	25,00	5.069,55	182.777,83
145	3.888,89	780,61	48,80	55,40	25,00	4.798,70	136.111,15
157	3.888,89	520,40	35,73	55,40	25,00	4.525,42	89.444,47
169	3.888,89	260,20	19,66	55,40	25,00	4.249,15	42.777,79
180	3.888,89	21,68	1,91	55,40	25,00	3.992,88	-

CONQUISTANDO SEU FUTURO FINANCEIRO

GRÁFICO 2 **SIMULAÇÃO DE FINANCIAMENTO IMOBILIÁRIO – SISTEMA MIX**

Sistema MIX

Valor do Imóvel	Valor da Entrada	Prazo
R$ 1.000.000,00	R$ 300.000,00	180 meses

Primeira Parcela	**R$ 10.458,67**
Última Parcela	**R$ 3.829,41**
Taxa de Juros	**6,9% a.a.**

Evolução das Parcelas - Sistema MIX

Mês	Amortização	Juros	Seguro MIP	Seguro DFI	TAC	Parcela Total	Saldo Devedor
0	-	-	-	-			700.000,00
1	3.888,88	6.378,72	110,67	55,40	25,00	10.458,67	696.111,12
13	4.336,10	5.931,50	104,92	55,40	25,00	10.452,92	646.586,01
25	4.834,75	5.432,85	98,07	55,40	25,00	10.446,07	591.365,50
37	3.716,56	4.410,47	90,07	55,40	25,00	8.297,50	531.468,81
49	3.716,56	4.042,93	85,65	55,40	25,00	7.925,54	486.870,09
61	3.716,56	3.675,39	110,47	55,40	25,00	7.582,82	442.271,37
73	3.716,56	3.307,85	103,91	55,40	25,00	7.208,72	397.672,65
85	3.716,56	2.940,31	97,40	55,40	25,00	6.834,67	353.073,93
97	3.716,56	2.572,77	90,62	55,40	25,00	6.460,35	308.475,21
109	3.716,57	2.205,23	83,32	55,40	25,00	6.085,52	263.876,47
121	3.716,57	1.837,69	71,31	55,40	25,00	5.705,97	219.277,63
133	3.716,57	1.470,15	56,81	55,40	25,00	5.323,93	174.678,79
145	3.716,57	1.102,61	46,64	55,40	25,00	4.946,22	130.079,95
157	3.716,57	735,07	34,15	55,40	25,00	4.566,19	85.481,11
169	3.716,57	367,53	18,78	55,40	25,00	4.183,28	40.882,27
180	3.716,57	30,62	1,82	55,40	25,00	3.829,41	-

Neste caso, com as taxas de juros vigentes indicadas, o planejador financeiro deverá avaliar se essas condições são possíveis de absorver no orçamento pessoal, tema sobre o qual discorremos no capítulo anterior; no SAC temos uma prestação inicial de R$7.983,00 uma prestação final de R$3.992,88 e no sistema MIX uma prestação inicial maior de R$10.458,67 e, ao final, menor, de R$3.829,41.

PRAZO

O prazo do financiamento mais adequado vai estar vinculado também à questão do valor da parcela, pois, quanto maior o prazo, maior será a redução dessa quantia. Porém, há ainda a incidência de juros adicionais. É claro que esses financiamentos, atualmente, têm a flexibilidade de serem renegociados, em termos, quase que instantaneamente; por exemplo, se o adquirente tiver um recurso extra, pode quitar antecipadamente algumas prestações, diminuindo a quantidade delas, ou ainda manter o número atual de parcelas e reduzir o valor. Também é possível realizar a portabilidade do financiamento imobiliário entre bancos, barganhando por taxas mais atrativas ao longo do prazo de pagamento. É melhor, então, calcular desde o início uma prestação que caiba com folga no seu orçamento e no futuro ter a flexibilidade de diminuí-las, afinal sempre se espera que, no futuro, estejamos em condições melhores do que no presente.

JUROS E FORMA DE CORREÇÃO DO SALDO DO FINANCIAMENTO

Os juros são uma despesa que, a princípio, convém ser evitada sempre que possível; não havendo alternativa, vale negociar com seu banco ou com outra instituição e ver qual o melhor negócio que se apresenta. Mas preste atenção à conjuntura que influencia essa decisão. No cenário de 2021, por exemplo, as taxas de juros são as menores já registradas na série histórica brasileira, o que indicaria ser um bom momento para contratar, sendo sempre necessário verificar as comissões de aprovação de crédito, prêmios de seguros e outras condições que oneram a operação.

Digamos que se consiga uma taxa razoável, que, comparada com a remuneração de uma poupança ou de uma aplicação segura, seja uma forma de manter algumas reservas aplicadas para emergências e que o diferencial de juros entre o que se paga e se recebe seja aceitável. Desta forma, torna-se uma questão a ser avaliada caso a caso. É também razoável pensar que um financiamento imobiliário não é uma decisão definitiva, pois o saldo pode ser quitado parcial ou integralmente a qualquer momento, reduzindo, assim, o número de prestações ou o seu próprio valor. Assim, o crédito imobiliário pode ser uma decisão estratégica temporária, até mesmo porque, ao longo dos anos, pode haver o interesse ou a necessidade de trocar de imóvel, sendo possível realizar a alienação para outro proprietário com saldo de financiamento a pagar, mediante concordância da instituição financeira sob a qual esteja o crédito vigente.

ADEQUAÇÃO

Na área econômico-financeira, as decisões não são sempre racionais ou desprovidas de emoções. Digamos que o leitor avaliou que, para sua moradia, um determinado apartamento ou casa sejam adequados, no sentido do espaço, número de quartos, bairro, rua, proximidade do comércio, escolas e outros serviços e também localizado próximo ao trabalho, para minimizar o custo e o tempo de transporte.

O preço é possível de ser pago, há um financiamento disponível etc., mas pode acontecer que o planejador deseje ter uma vista agradável, para o mar, florestas ou outro cenário. Assim, haverá uma implicação de gosto pessoal, que também apresenta sentido econômico, pois um pagamento adicional será necessário para que se atinja essa satisfação pessoal, cujo atendimento deve ser considerado somente como objetivo no conjunto de opções.

BOM NEGÓCIO

O imóvel para uso próprio é um bem como qualquer outro, que merece uma boa pesquisa e avaliação antes da compra, sempre comparativamente à mesma metragem aproximada, localização, estado de conservação etc. Deve-se tentar avaliar se, em perspectiva de alguns anos, haverá uma tendência de valorização ou desvalorização na região. Evidentemente, um "bom negócio" no momento facilitará uma venda neste horizonte de prazo, afinal, as predileções, necessidades e outras variáveis vão se alterando ao longo do tempo.

Vejamos, entretanto, como vem se mostrando a evolução do preço dos imóveis no índice FipeZap, que demonstra que, a partir de 2015, o valor dos imóveis tem aumentado menos do que o IPCA; é claro que se trata de uma tabela estatística geral, e há imóveis em particular que fogem deste padrão:

Evolução anual - Índice FipeZap x IPCA

Indicador	2009	2010	2011	2012	2013	2014	2015	2016	2017	2018	2019	2020	mar/21
Índice FipeZap	21,1%	26,9%	26,3%	13,0%	13,7%	6,7%	1,3%	0,6%	-0,5%	-0,2%	0,0%	3,7%	4,0%
IPCA (IBGE)	4,3%	5,9%	6,5%	5,8%	5,9%	6,4%	10,7%	6,3%	3,0%	3,8%	4,3%	4,5%	6,1%

A diferença da variação de preços dos imóveis e do IPCA se deu por conta das crises que o país enfrentou, algumas previsíveis e outras nem tanto; são considerações para reflexão, já que se mostra que, nesses períodos, o imóvel não é garantia de reposição da inflação.

Outro indicador relevante a ser considerado é a rentabilidade do aluguel em relação ao preço do imóvel, como se observa na tabela a seguir, a partir de estatísticas do FipeZap, que apresenta o preço médio do aluguel (reais por metro quadrado) e a rentabilidade do aluguel, sendo possível, por exemplo, comparar o aluguel com relação a outro ativo financeiro:

Rentabilidade do aluguel

Indicador ou Localidade	Preço Médio (R$/m²)	Rentabilidade (% a.m.)
Índice FipeZap	30,6	0,39
São Paulo	40,01	0,43
Rio de Janeiro	31,11	0,32
Belo Horizonte	23,69	0,33

IMÓVEIS

Para avaliar se o aluguel é uma boa opção, geralmente o que se faz é comparar o valor do aluguel com o percentual do valor do imóvel. Para termos um início de discussão, vamos considerar o exemplo de um valor de aluguel que corresponda a 0,39% ao mês do valor do imóvel, conforme a tabela sobre a rentabilidade do aluguel. Considerando como premissa que o valor do imóvel se mantém, o rendimento seria acima dessa valorização, observadas as variáveis a seguir:

- Custo de manutenção, que cabe ao proprietário.

- A possibilidade de o imóvel ficar vazio.

- Inadimplência pelo inquilino.

- Inquilino que permanece nesta condição além do tempo contratado e necessidade de ação judicial de despejo.

E, é claro, saber que a tributação do rendimento de aluguel na pessoa física pode entrar na tabela progressiva e a mordida do "Leão" ser maior no aluguel do que em muitos investimentos financeiros, sendo necessário fazer a avaliação com o valor líquido do aluguel para o proprietário.

Da mesma forma que nos preços de venda, observamos que o valor dos aluguéis não vem acompanhando a inflação, registrando que são dados do passado que não podem ser necessariamente projetados para o futuro, a avaliação geral da questão é mais complexa.

Variação 12 meses locação residencial

Indicador	2009	2010	2011	2012	2013	2014	2015	2016	2017	2018	2019	2020	mar/21
FipeZap Locação	9,5%	18,6%	17,3%	10,6%	7,9%	2,8%	-3,3%	-3,2%	-0,7%	2,3%	4,9%	2,5%	2,3%
IPCA (IBGE)	4,3%	5,9%	6,5%	5,8%	5,9%	6,4%	10,7%	6,3%	3,0%	3,8%	4,3%	4,5%	6,1%

IMÓVEL EM CONSTRUÇÃO OU IMÓVEL PRONTO

Um imóvel em construção traz consigo alguns riscos: será que vai ser entregue? E, mesmo se for, a construtora cumprirá o prazo? As incorporações trazem essas incertezas, além do valor, pois o preço pode ser ilusório em função de a atratividade da oferta já contemplar o financiamento, e nesse caso é importante avaliar se o preço à vista seria diferente do valor a prazo, já que haverá possivelmente uma taxa de juros disfarçada nessa diferença.

É claro que a publicidade de um imóvel em construção pode ser sedutora, e mesmo visitando um apartamento pronto, a primeira impressão deve ser seguida de avaliação quanto à solidez física do imóvel, já que tem sido frequente que as construções novas usem materiais menos nobres, as paredes sejam mais finas e os materiais não sejam de boa qualidade, já que tudo está preparado para causar uma boa impressão.

Já um imóvel pronto tem a vantagem da segurança da sua própria existência e de uso imediato para uma mudança ou aluguel, se fosse o caso, podendo economizar despesas ou ainda gerar uma receita. E também não se deve esquecer que os imóveis prontos são passíveis de financiamento, quem sabe até mesmo mais vantajoso do que o do imóvel em construção. Vale lembrar que, no momento de compra de um imóvel em construção, temos ali embutidos os lucros do dono do terreno, do construtor, da imobiliária, do banco que financia e do corretor. No caso de um imóvel usado, esses custos já foram em princípio diluídos no tempo e a lei da oferta e da procura para o mesmo bem terá sua ação, independentemente do novo lançamento.

IMÓVEL PRECISANDO DE REFORMAS

Também deve ser levado em conta que o imóvel novo, recém-pintado, azulejado e até mesmo decorado, pode dar uma impressão melhor do que um usado precisando de reformas. Quem sabe um imóvel já usado mais o custo da reforma, do jeito do novo morador, não seria mais conveniente? Não há respostas prontas, a decisão varia caso a caso.

MORANDO EM IMÓVEL ALUGADO

Esta pode ser uma boa alternativa, se não for exigida pela necessidade, mas como planejamento financeiro mesmo, isto é, no sentido de fazer uma reserva financeira mais vantajosa do que imobilizar os recursos na compra do imóvel. Por opção estratégica, é possível não se fixar em um local por tempo longo e ficar com mais flexibilidade e liquidez para tratar do assunto no futuro. Há pessoas mais radicais que não contemplam a ideia de concentrar recursos em um imóvel, já que têm a suposição de que o investimento financeiro é sempre mais vantajoso. Como dissemos, aí misturamos a racionalidade com a emoção, a propensão a correr riscos maiores ou menores, o que é próprio de cada um.

Vamos examinar um exemplo bem simplificado, com poucos elementos ou variáveis, para facilitar a compreensão.

O planejador financeiro se confronta, à procura de moradia, com a alternativa de comprar um imóvel no valor de R$1.000.000,00 ou alugá-lo por R$4.000,00 mensais, com todas as despesas inclusas, muito próximo do que indica a estatística coletada pelo FipeZap. Como premissas compatíveis entre si, a inflação medida pelo IPCA é zero e o imóvel não se valoriza no mesmo período de tempo.

Se examinarmos a hipótese de aplicação do valor de R$1.000.000,00 a partir de uma taxa conservadora, por exemplo o Tesouro IPCA, de vencimento em cinco anos, de 4,5% a.a., menos o imposto de renda de 15%, teremos uma renda anual de R$38.250,00 ou R$3.187,50 por mês. Neste caso, a aplicação do capital não supera o valor do aluguel mais as despesas, sendo assim preferível adquirir o imóvel a alugá-lo.

IMÓVEL COMO INVESTIMENTO

Neste capítulo estamos tratando dos imóveis como opção no planejamento financeiro pessoal, com a perspectiva de uso próprio e não exatamente como alternativa de reserva e rendimento. Mas vale mencionar que, dentro das alternativas, há que se considerar:

- A perspectiva de valorização futura para uma revenda e obtenção de capital.

- A opção de adquirir o imóvel e ter sua valorização associada também ao rendimento do aluguel.

Variação 12 meses locação residencial

Indicador	2009	2010	2011	2012	2013	2014	2015	2016	2017	2018	2019	2020	mar/21
FipeZap Locação	9,5%	18,6%	17,3%	10,6%	7,9%	2,8%	-3,3%	-3,2%	-0,7%	2,3%	4,9%	2,5%	2,3%
FipeZap Venda	21,1%	26,9%	26,3%	13,0%	13,7%	6,7%	1,3%	0,6%	-0,5%	-0,2%	0,0%	3,7%	4,0%
IPCA (IBGE)	4,3%	5,9%	6,5%	5,8%	5,9%	6,4%	10,7%	6,3%	3,0%	3,8%	4,3%	4,5%	6,1%

Capítulo 4

EMPREENDEDORISMO: NEGÓCIO PRÓPRIO

Avaliar o investimento que eventualmente existe em um negócio próprio pessoal ou de família ou, ainda, realizar a avaliação de uma aquisição de empresa existente ou sua criação desde a estaca zero faz parte do planejamento financeiro pessoal. É necessário pensar se a opção de se manter empresário ou se tornar um empresário vale mesmo a pena.

VENDER UMA EMPRESA

É muito frequente que os proprietários de empresas pessoais ou familiares, sejam eles sócios controladores, sejam unitários, sejam detentores de alguma participação por conta de questões familiares, não considerem que esse patrimônio seja "mais um ativo em carteira", passível de compra e venda.

A despeito das questões familiares, pessoais e de liquidez, essa avaliação é necessária, pois esse ativo pode, com frequência, ser o principal da pessoa ou da família. É possível reposicionar-se na participação na empresa familiar — mesmo que não seja estritamente assim, pois ela pode ter em seus quadros um sócio ou vários que não fazem parte da família.

Em princípio, todo negócio tem um valor e pode ser transacionado com terceiros. Digamos, por exemplo, que o planejador tenha somente dado entrada na formação de uma empresa com o contrato social e obtido o CNPJ, e então aluga uma sala e contrata uma secretária; em tese, mesmo esses pequenos passos poderiam ser objeto de negociação, pois constituíram um esforço e um desembolso.

EMPREENDEDORISMO: NEGÓCIO PRÓPRIO

Se mesmo essa empresa incipiente demanda planejamento, imagine então uma empresa montada há vários anos, em operação, com venda de mercadorias e serviços, contratando pessoal, detentora de ativos e de uma importante carteira de clientes? Muitas pessoas não têm a percepção de que esse negócio pode ser vendido, e até mesmo com a obtenção de vantagens a partir da venda.

Como dissemos, essa eventual transação deve ser avaliada por diversos motivos, dentre os quais listamos alguns que não são excludentes, a título de exemplo.

No entanto, atenção: comprar ou vender uma empresa não é um assunto que deva ser tratado diretamente pelo sócio vendedor ou pelo sócio comprador, devido aos seguintes aspectos:

1. Envolvimento emocional do vendedor.

2. Confidencialidade exposta.

3. Desigualdade negocial em relação ao investidor.

4. Envolvimento antecipado de terceiros: funcionários, clientes etc.

Vejamos o que escreveu Francisco Gros (1942–2010), executivo de grande visão que foi presidente da Petrobras, do Banco Central e do BNDES, além de ter tido diversas passagens na iniciativa privada:

"Negociar uma empresa envolve emoções. Às vezes, é a história de toda uma vida, de toda uma família, que está sendo avaliada. As emoções são fortes e podem inviabilizar o negócio. Essa é mais uma razão para se buscar o auxílio de um profissional experiente e equilibrado, que certamente facilitará o encaminhamento das negociações, evitando o embate direto entre o vendedor e o comprador."[1]

---

1 Apresentação *in* VALENTE, Paulo Gurgel et al. **Guia para a Compra e Venda de Empresas**. Rio de Janeiro, LTC, 2014, p. v.

Dentre os principais motivos que podem levar um empresário a considerar a venda de sua empresa, podemos citar:

1. Aposentadoria, falta de sucessores, demais interesses.

2. Diversificação de investimentos.

3. Dificuldades de gestão.

4. Conflito entre os sócios.

É frequente que os sócios de uma empresa não tenham sucessores (sendo legais o cônjuge, filhos, sobrinhos e outros parentes), e, mesmo que tenham, estes podem não se interessar pelo empreendimento ou não ter vocação para ele, fato que se observa com frequência. Em outros tempos, era obrigatório que os filhos seguissem os negócios familiares, da mesma forma que ocorria nos tempos medievais, no caso das guildas: o filho de um sapateiro se tornaria sapateiro, o filho de um padeiro também exerceria o ofício do pai, e assim por diante.

Forçar alguém a tomar conta de um negócio, além de ser contraproducente para o negócio em si, é uma forma de agressão pessoal, condenando o sucessor à infelicidade e o destino da empresa ao risco. A alternativa é vender o negócio, por mais que haja apego e sentimentalismo envolvidos.

Pode acontecer que a empresa familiar seja o único ativo importante do planejador financeiro pessoal. Seria razoável concentrar todo o patrimônio pessoal em apenas um ativo? Seria possível diversificar os investimentos e diluir os riscos inerentes a qualquer negócio? São perguntas a serem respondidas caso a caso.

Quanto à questão de vender devido a "dificuldades de gestão", neste ponto se compreendem os problemas de mercado que afetam as vendas e as finanças em geral, complicações tributárias… enfim, é uma lista de obstáculos à condução de uma empresa que não caberia nesta obra. Enfrentar as dificuldades e ter sucesso é preferível, mas em algum momento será necessário reavaliar melhor as probabilidades de atingir objetivos ou reconhecer que outros podem assumir o controle.

Ter conflitos com os sócios muitas vezes é inevitável; embora atualmente haja um grande reconhecimento dos benefícios da Governança Corporativa para a resolução de questões internas das empresas, o último estágio é transacionar sua participação com o próprio sócio, vender sua participação ou comprar a dele. Não sendo o caso, talvez vender ambas as partes para um terceiro.

COMPRAR UMA EMPRESA

Como veremos em outro capítulo, há muitas alternativas para aplicar recursos em ativos financeiros, que seriam CDB (Certificados de Depósito Bancário), fundos de investimentos dos mais variados, ações em bolsa de valores etc.

Por falar em ações em bolsas de valores, algo que, na maioria das vezes, se consubstancia na propriedade de parte ínfima de uma grande empresa, sem que haja influência em sua gestão, cabe ponderar se não deveríamos nos tornar empresários por meio da compra de uma empresa já em atividade, ou criar uma empresa partindo do zero.

Dentre as principais razões que levam à aquisição de uma empresa, podemos destacar:

1. Economia de tempo.

2. Aumento de *market share*.

3. Economia de escala.

4. Aproveitamento de recursos existentes.

Na literatura sobre aquisição de empresas há uma denominação em inglês que muitas vezes facilita o entendimento dessas opções: investir em uma *brownfield*, ou seja, empresa que já existente (a palavra *brown* — marrom, em inglês — refere-se à cor do campo já trabalhado, seco, ou com uma edificação sobre ele) ou em uma *greenfield*, uma empresa a ser erguida sobre o campo verde *(green)*, a relva nua.

Adquirir um negócio em funcionamento permite ao comprador reduzir os entraves burocráticos da abertura de uma empresa, bem como mitigar o esforço da contratação e do treinamento de funcionários, a procura de instalações físicas, máquinas e equipamentos, e o desenvolvimento dos aspectos comerciais. São aproveitados os recursos já existentes, como as tecnologias, as patentes os processos produtivos e operacionais da empresa.

Uma empresa em funcionamento já traz uma carteira de clientes, proveniente de uma marca já formada no mercado, possibilitando ao adquirente o alcance de novos mercados, novos canais de venda etc. Já o conceito de economias de escala está relacionado ao alcance de escalas superiores de produção, desde compras, processo produtivo propriamente dito, até canais de distribuição.

As primeiras considerações, é claro, são de ordem pessoal: você tem o desejo de investir em um negócio próprio e tem vocação, experiência ou tecnologia para tanto? Em caso positivo, teria como disponibilizar uma parte de suas reservas para comprar uma empresa ou iniciar um novo negócio?

Ainda nesse aspecto, a avaliação fundamental busca clarificar se um negócio próprio vai proporcionar um investimento mais lucrativo ou com mais retorno do que as alternativas já mencionadas no planejamento financeiro pessoal.

Não há respostas que possamos adiantar neste livro, mas alguns caminhos a seguir dentro dessas questões estruturantes.

EMPREENDEDORISMO: NEGÓCIO PRÓPRIO

Uma empresa bem estruturada, em um mercado que suporte suas vendas, com uma capitalização suficiente para adquirir os ativos e gerenciar o capital de giro e que seja bem gerenciada, em tese — somente em tese — deveria ser lucrativa em médio prazo, pela maioria dos anos de sua existência. Porém, a realidade é que, infelizmente, uma grande parte dos negócios não consegue ir em frente e ser rentável, fazendo surgir uma perspectiva de perdas em nosso planejamento financeiro pessoal.

Há cuidados básicos a se tomar com essas avaliações antes de iniciá-las, a fim de que se pondere a oportunidade da compra de uma empresa ou de sua criação; sendo assim, apresentamos um exemplo de análise de viabilidade. Mesmo que não se aplique inteiramente ao negócio que o planejador financeiro pessoal tem em mente, isso já apresenta as ferramentas básicas que devem ser consideradas.

ESTUDO DE VIABILIDADE DO PROJETO: UM EXEMPLO PRÁTICO

Na sequência, apresentaremos o exemplo de um estudo de viabilidade de projeto de investimento em empresa comercial, industrial ou de serviços, levando em conta as particularidades do empreendimento e o projeto de investimento em questão. Antes de projetar o futuro, cabe ao analista verificar minuciosamente os orçamentos dos investimentos a serem realizados até a entrada em operação da unidade produtiva, aqui considerada como "ano zero"; evidentemente, haverá projetos que demandarão mais do que um ano de investimento até a entrada em operação, e isso deverá ser incluído quantitativamente com a referência temporal cabível.

Custos variáveis

Esses custos representam a estimativa de quanto será gasto com fatores de produção que variam em função da quantidade produzida. São exemplos de custos variáveis os insumos diretamente ligados à produção da mercadoria e de mão de obra, em alguns casos.

Para um projeto, as estimativas serão baseadas nos orçamentos de engenharia para sua instalação e as demais rubricas em função de fatores técnicos, de mercado, sem prejuízo de outras avaliações pertinentes.

No item "despesas variáveis" também incluiremos impostos, contribuições, taxas e outras espécies de tributos, de acordo com o histórico da empresa e a legislação vigente.

Custos fixos e quase fixos

Os custos fixos são uma estimativa de quanto será gasto pela empresa, independentemente da produção. Despesas com instalações, equipes de vendas (excluídas as comissões variáveis) e administrativa são exemplos de custos fixos. Dependendo do montante do investimento pretendido pela empresa, será necessário avaliar a necessidade de expansão da capacidade produtiva, com possível investimento em estrutura física. Já os custos quase fixos correspondem ao gasto gerado quando se produz ao menos uma unidade de produto. A energia elétrica é um exemplo de custo quase fixo.

Despesas financeiras

Consistem na estimativa de quanto será o desembolso com juros no período em que vigorará o financiamento. No caso de um projeto, devemos considerar o montante de capital de giro necessário a uma taxa de juros de mercado, considerando principalmente a defasagem de tempo entre o pagamento das matérias-primas, insumos em geral, pessoal e o recebimento das vendas realizadas. Se houver endividamento bancário anterior à contratação do financiamento, será necessário computar igualmente as despesas com juros desse financiamento já contratado.

No exemplo seguinte, de um projeto de instalação industrial, estamos considerando que o capital de giro estará equilibrado, não gerando receitas ou despesas financeiras a registrar. Temos, entretanto, que assumir as despesas financeiras com o financiamento de longo prazo e as amortizações do principal. Estamos projetando que 60% das necessidades de capital serão financiados pela instituição bancária com uma amortização em cinco anos em parcelas iguais, sendo os juros e encargos aqui estimados em 7,5% a.a., pagos com carência até a entrada em operação da empresa.

Taxa de desconto

É a taxa que será descontada de nossa projeção de fluxos financeiros. Computados todos os desembolsos e as estimativas futuras de recebimentos de nossa empresa, a cada período de nossa projeção os resultados apurados terão de ser trazidos ao valor presente, utilizando-se uma taxa de desconto.

O tema "taxa de desconto" para avaliar um projeto ou uma empresa em andamento é bastante complexo e poderia motivar um capítulo à parte para aprofundá-lo. Mas isso está fora dos limites deste livro. Para nosso entendimento, podemos aqui entender a variável "taxa de desconto" como a expressão conjunta do custo financeiro do mercado, das alternativas do custo de oportunidade de outros projetos e, também, do risco envolvido no mercado que estamos avaliando.

CONQUISTANDO SEU FUTURO FINANCEIRO

Intuitivamente, a taxa de desconto é uma combinação entre a taxa de juros real vigente no país (para o caso brasileiro, podemos ter como regra de bolso a meta Selic fixada pelo Banco Central, descontada a previsão do IPCA) e a taxa de risco específica do mercado do projeto, que pode apresentar variações muito significativas. Por exemplo, é de se esperar que um investimento em projetos de software seja descontado a uma taxa superior à de um projeto de ampliação de uma fábrica de laticínios, pelo risco inerente à atividade da primeira, muito dependente do avanço tecnológico.

Prazo de projeção

Deve estar ligado à natureza do investimento, isto é, caso se trate de um equipamento, deveremos projetar até o ano em que este terá sido depreciado por completo. Especificamente em nosso exemplo, estamos avaliando o projeto em um horizonte de dez anos, considerando a vida útil das máquinas nele utilizadas, para que não haja necessidade de reposição, o que complicaria nosso exemplo.

Nas avaliações de projetos, em geral, é mais prático prepararmos estimativas de recebimentos e desembolsos para prazos que possamos visualizar com mais precisão, digamos três, cinco ou dez anos, dependendo das características da empresa e de seu mercado. A partir de determinado horizonte, recomenda-se a utilização de um rendimento constante, pois as variáveis de nosso modelo passam a apresentar uma dificuldade maior de projeção pela quantidade de fatos novos que podem surgir: é intuitivo perceber que é mais fácil prever o futuro imediato do que o de longo prazo.

Neste ponto, a matemática financeira nos ajuda novamente: a incerteza do futuro de prazo mais longo é atenuada pela taxa de desconto que vamos utilizar em nossa análise, pois ela é apurada de forma

EMPREENDEDORISMO: NEGÓCIO PRÓPRIO

cumulativa. Assim, resultados a serem obtidos além de determinados prazos (dez anos, no exemplo) têm menor impacto no valor que vamos apurar como Taxa Interna de Retorno do projeto. Os recebimentos e desembolsos mais próximos são, relativamente, mais importantes do que movimentos de caixa distantes do momento da avaliação.

Em projetos muito complexos e com muitos riscos, pode ser recomendável analisar os resultados em somente um período determinado, desconsiderando as projeções além desse período, pela grande incerteza que trazem. Em outras palavras, em determinados projetos é mais razoável supor que os investimentos devem ser amortizados em um prazo fixo, desconsiderando o conceito de perpetuidade. Nesse caso, por exemplo, poderíamos enquadrar um projeto de alta tecnologia, cuja expectativa seria de que, em três a cinco anos, as novas condições do mercado pudessem tornar os produtos atuais obsoletos.

Estimativa de vendas

Quanto esperamos vender considerando o investimento realizado? Esta é uma pergunta-chave para a avaliação de viabilidade do projeto. Muito embora estejamos realizando uma projeção, isto é, uma análise prospectiva, a estimativa de vendas pode refletir, em parte, a análise histórica das quantidades ofertadas, ponderada pelo incremento produtivo que estaremos esperando com a realização do investimento. Há que se definir premissas fundamentadas, estimando a oferta como reflexo da demanda potencial e a capacidade de acomodação do mercado em questão.

Há ainda fatores indiretos que afetam sobremaneira algumas das variáveis anteriormente listadas — como o mercado em que atua a empresa —, e que por isso merecem nossa consideração, embora não tenham efeito direto e quantificável financeiramente sobre os fluxos da empresa.

Mercado

Ao analisarmos o mercado da empresa, procuramos estimar as vendas que o empreendimento pode realizar, considerando seu histórico e as premissas para sua evolução, a concorrência atual e a futura, o lançamento de novos produtos e sua publicidade, a capacidade de produção em função dos fatores técnicos, a tecnologia empregada e a capacidade de investimento dos sócios. Nesse caso, verifica-se que estamos analisando uma empresa que passará a existir a partir de nossa decisão de associar os fatores de produção, que é o foco deste capítulo.

Quando consideramos uma empresa já existente, a questão de quantificar seu mercado parte mais claramente do volume de vendas e de produção que ela foi capaz de gerar, dadas todas as condições reais e não somente premissas teóricas. Dessa forma, a estimativa desse volume de vendas vai demandar estudos específicos relacionados com os produtos em análise.

As avaliações pelo fluxo de caixa futuro descontado têm duas grandes divisões quanto à capacidade de previsão e ao acerto com algum rigor. Em mercados de bens de consumo, de um modo geral, onde não haja grandes inovações, há curvas temporais de consumo que podem ser projetadas com aumento ou diminuição de *market share* (para exemplificar, os mercados de energia elétrica ou de bebidas). Outros mercados são muito dependentes das inovações e, portanto, apresentam maiores dificuldades de projeção. Como exemplos, poderíamos citar a indústria farmacêutica, de software ou de automóveis. No caso da indústria farmacêutica, novos medicamentos, mais eficientes, farão crescer a demanda, mas, enquanto estes não são lançados, subsiste o consumo dos já existentes; no caso de software, continua-se adquirindo programas antigos até que surjam novos; já na indústria de automóveis, há a necessidade de reposição da frota existente, mesmo não havendo lançamentos.

Como exemplo de um projeto, nos últimos 25 anos, em função da evolução tecnológica, da expansão de capacidade instalada, da redução de custos de produção, da "criação da necessidade" e da publicidade, vimos o mercado de telefonia celular no Brasil sair de poucos milhares de unidades para superar o número de habitantes do país, acompanhando a tendência mundial. Atualmente, um grande número de concorrentes disputa um mercado que já está formado, cada qual procurando aumentar seu *market share* no quadro atual e no futuro. Por outro lado, produtos cuja tecnologia não evolui ou foi substituída por outra, mais avançada (por exemplo, máquinas de escrever substituídas por impressoras conectadas a computadores, câmeras fotográficas analógicas substituídas por digitais) foram desaparecendo a ponto de as fábricas deixarem de existir.

Exemplo de estudo de viabilidade

Apresentamos a seguir um exemplo de um quadro que resume os trabalhos das diferentes estimativas anteriormente mencionadas, o cálculo do Valor Presente Líquido (VPL) do fluxo de caixa e da Taxa Interna de Retorno (TIR) do projeto.

A TIR é definida como taxa de retorno do capital investido no projeto. A regra de decisão de um investimento é a seguinte: quanto maior a TIR, melhor para o empresário investidor, ou seja, na comparação entre dois projetos, o que apresentar maior TIR será preferível na matemática financeira da análise de projetos de investimentos.

Já o VPL do fluxo de caixa indica o valor no momento atual dos recebimentos futuros, descontados, como vimos anteriormente, a uma taxa específica de desconto.

Em nosso exemplo estimamos que serão necessários aportes para investimentos que totalizam R$20 milhões em um ano, sendo R$12 milhões (60%) financiados em cinco anos pela instituição financeira e os R$8 milhões por recursos próprios.

As receitas de vendas se iniciam em R$17 milhões no primeiro ano, e o fluxo de caixa anual fica positivo a partir do primeiro ano de operação industrial.

Computando o período de um ano de investimento anterior ao início da operação, e o prazo de dez anos para a maturação do projeto, a uma taxa de desconto de 12,0% ao ano, calcula-se um Valor Presente Líquido positivo de R$9,337 milhões e uma Taxa Interna de Retorno de 28,2% ao ano, de modo que se identifica, assim, um projeto viável, passível de ser apresentado à instituição financeira para pleitear o financiamento.

Exemplo de projeção de fluxo de caixa de empresa considerando investimentos iniciais durante um ano:

Usos	Ano 0	%	Fontes	Ano 0	%
Instalações físicas	13.500	67,50%	Recursos próprios	8.000	40,00%
Máquinas	6.000	30,00%	Financiamento	12.000	60,00%
Treinamento pessoal	500	2,50%	- - -	- - -	---
Total	**20.000**	**100,00%**	**Total**	**20.000**	**100,00%**

EMPREENDEDORISMO: NEGÓCIO PRÓPRIO

Fluxo de Caixa Projetado

R$ mil	Ano 0	Ano 1	Ano 2	Ano 3	Ano 4	Ano 5	Ano 6	Ano 7	Ano 8	Ano 9	Ano 10
Entrada de recursos	20.000	17.000	18.700	20.570	22.627	24.890	24.890	24.890	24.890	24.890	24.890
Recursos próprios	8.000	–	–	–	–	–	–	–	–	–	–
Financiamento	12.000	–	–	–	–	–	–	–	–	–	–
Recebimento de vendas	–	17.000	18.700	20.570	22.627	24.890	24.890	24.890	24.890	24.890	24.890
Desembolsos	-20.000	-12.350	-14.285	-14.314	-15.445	-16.689	-16.689	-16.689	-16.689	-16.689	-16.689
Instalações físicas	-13.500	–	–	–	–	–	–	–	–	–	–
Máquinas	-6.000	–	–	–	–	–	–	–	–	–	–
Treinamento pessoal	-500	–	–	–	–	–	–	–	–	–	–
Custos variáveis	–	-9.350	-10.285	-11.314	-12.445	-13.689	-13.689	-13.689	-13.689	-13.689	-13.689
Custo fixos	–	-3.000	-4.000	-3.000	-3.000	-3.000	-3.000	-3.000	-3.000	-3.000	-3.000
Resultado operacional	–	4.650	4.415	6.257	7.182	8.200	8.200	8.200	8.200	8.200	8.200
Juros do BNDES		-900	-720	-540	-360	-180	–	–	–	–	–
Impostos e contribuições		-938	-924	-1.429	-1.706	-2.005	-2.005	-2.005	-2.005	-2.005	-2.005
Resultado de caixa antes da amortização	–	2.813	2.771	4.287	5.117	6.015	6.195	6.195	6.195	6.195	6.195
Amortização de financiamento		-2.400	-2.400	-2.400	-2.400	-2.400	–	–	–	–	–
Saldo de caixa livre final	**0**	**413**	**371**	**1.887**	**2.717**	**3.615**	**6.195**	**6.195**	**6.195**	**6.195**	**6.195**

Fluxo de caixa	R$ mil
Ano 0	-8.000
Ano 1	413
Ano 2	371
Ano 3	1.887
Ano 4	2.717
Ano 5	3.615
Ano 6	6.195
Ano 7	6.195
Ano 8	6.195
Ano 9	6.195
Ano 10	6.195
VPL 12,0%	9.337
TIR	28,20%

Capítulo 5

ATIVOS FINANCEIROS — FORMAÇÃO DE PORTFÓLIO

por Leonel Barbosa Rocha Pitta

A proposta deste capítulo não é entregar fórmulas prontas; pelo contrário, é lidar com investimentos pressupõem dinamismo e devemos transmitir os conceitos que se aplicam às situações gerais. A intenção aqui é descrever os instrumentos para que o investidor possa montar a melhor carteira de investimentos possível com seus recursos. Utilizando uma imagem, vamos pensar em um cozinheiro sofisticado que necessite de todos os utensílios presentes em sua cozinha e tenha diversos alimentos e temperos à disposição para preparar refeições saborosas e nutritivas para si e seus convidados. Com o conhecimento de todos os utensílios dessa cozinha e dos ingredientes, o cozinheiro-investidor montará sua refeição-portfólio ao seu próprio gosto, ou baseando-se no que recomenda cada *chef* ou instituição financeira.

É claro que os investidores devem buscar o maior retorno possível, mas entendemos que o fundamental nesse percurso é inverter essa preocupação e começar pelo outro lado, que é o grau de risco que cada investidor admite correr. Assim, a rentabilidade conta apenas parte da trajetória, sendo a outra representada pelo risco associado. Uma das formas objetivas para avaliar o risco nas escolhas dos investimentos é observar "a hora em que o investidor descansa a cabeça no travesseiro" e o que surge desta reflexão. Caso o risco esteja incomodando de alguma forma ou atrapalhando o sono, há alguma coisa errada.

Em primeiro lugar, sugerimos fazer os testes de perfis que as instituições disponibilizam e buscar ser fiel ao perfil de investimento. O investidor pode ter ouvido uma dica excepcional de um amigo, isso não quer dizer que ela fará sentido para o seu perfil, que precisa ser respeitado.

ATIVOS FINANCEIROS — FORMAÇÃO DE PORTFÓLIO

Investimentos em ativos financeiros são iguais a remédios: o que funciona para um indivíduo não necessariamente funciona para outro. Ou pior, o que funciona muito bem para um pode ter o efeito reverso para outra pessoa. Nesse sentido, recomendamos uma atenção redobrada na percepção do risco presente diante do nível de rentabilidade da carteira. Por exemplo, apresenta-se ao investidor uma possibilidade de investimento de alto rendimento que parece ser oportuno, porém, é provável que exista um risco maior nessa opção e tal risco não esteja em sintonia com o seu perfil. Normalmente, o que é visto no dia a dia é uma simples comparação, muito pobre para os nossos objetivos: *"Se rendeu bem, está bom. Se rendeu menos, está ruim."* Essa atenção inicial para o risco é fundamental para a avaliação da carteira.

O outro ponto considerado indispensável na análise preliminar, sobretudo para o investidor pessoa física, é a eficiência fiscal. Desde o início da década passada, as autoridades fiscais e monetárias passaram a promover alguns incentivos fiscais para debêntures de infraestrutura, CRA's *(Certificado de Recebíveis do Agronegócio)*, CRI's *(Certificados de Recebíveis Imobiliários)* e outros instrumentos que serão comentados mais à frente. Além desses ativos com incentivo fiscal, é importante atentar às tributações normais referentes aos investimentos, aspecto que será desenvolvido no decorrer deste capítulo. Caso alguns desses ativos citados esteja dentro do perfil do investidor, vale considerar também o aproveitamento dessa eficiência fiscal.

A CARTEIRA DE INVESTIMENTOS

Vamos entrar nos conceitos primordiais de qualquer carteira de investimento, sendo o primeiro deles a diversificação, consideração consensual para todos os profissionais do ramo. Note que a questão da diversificação dos investimentos não se limita ao alcance interclasses de ativos (renda fixa, renda variável etc.), mas se insere em cada uma delas. Não ter concentrações específicas dentro de cada uma das classes é uma ótima prática para ter uma carteira balanceada e saudável. A razão para que se tenha uma carteira diversificada será abordada no momento certo, mas essa noção é importantíssima para a evolução do entendimento.

Outro conceito relevante é a questão da descorrelação entre os ativos financeiros. Tais conceitos podem parecer próximos, mas existem ressalvas a serem feitas. Para dar um exemplo, imaginemos um investidor que possui uma carteira altamente diversificada, com mais de dez ativos diferentes. Ocorre que, quando o panorama do mercado muda, todos os ativos dessa carteira apresentam perda de rentabilidade, o que significa que a carteira está muito correlacionada entre si. Tão importante quanto a diversificação entre classes de ativos é que o investidor possua ativos que caminhem, eventualmente, em direções contrárias, para proteger a carteira de efeitos não previstos no momento em que o investimento é realizado. Para isso, a disciplina é muito importante porque é natural que, em um período bom, o investidor fique inclinado a migrar seus recursos de ativos que não estão indo muito bem, levando-os para outros ativos com melhor performance.

O que é preciso levar em conta em uma carteira de investimentos é o retorno final. Dessa forma, se uma carteira tem dez ativos, oito destes estão mais alinhados a um cenário base positivo e as duas outras linhas presentes na carteira são descorrelacionadas e funcionam como uma proteção para um cenário mais adverso, a alocação está adequada. Sendo assim, se boa parte da carteira está caminhando na direção do nosso cenário base e ele está se concretizando, o retorno absoluto da carteira será positivo. Aí surge a pergunta: *"Se eu tenho dois ativos que não estão com uma performance boa, não valeria a pena migrar para outros ativos que no momento são mais rentáveis?"* A resposta técnica é nega-

ATIVOS FINANCEIROS — FORMAÇÃO DE PORTFÓLIO

tiva. Tais ativos estão presentes na carteira exatamente para isso, não devendo ser motivo de preocupação. Outra imagem: o mínimo que se precisa ter quando saltamos de paraquedas é o próprio paraquedas e, por mais estranho que seja, no dia a dia de investimentos é preciso lembrar constantemente aos investidores: "Vista o paraquedas, ele impedirá um acidente." Em função disso, a descorrelação entre os ativos é fundamental.

A economia funciona em ciclos e, assim, os ativos financeiros para formação de uma carteira têm de obedecer a esta regra, por mais que, de tempos em tempos, pessoas digam que os ciclos negativos terminaram. Os argumentos de que *agora temos um arcabouço institucional melhor*", "*existem mudanças geopolíticas*", "*temos novas tecnologias*" e "*a regra de que a economia é cíclica ficou para trás*" são contestados quando ocorre uma mudança de ciclo, o que retoma a última regra. A história sempre se repete, vejamos: as crises em 2000 e em 2008. O mais espantoso é que, apesar da crise gravíssima em 2020, e de seus efeitos não terem sido integralmente superados no ano seguinte, nesse mesmo período já existiam correntes de pensamentos afirmando que a economia estaria livre de crises futuras em função dos estímulos anticíclicos dados pelos bancos centrais em todo mundo, caso outro problema voltasse a acontecer. Infelizmente, em poucos campos de estudo a história é tão pouco valorizada quanto no mercado financeiro. Logo, dar atenção a ela e aos ciclos econômicos é muito importante e, não importando se o cenário é bom ou ruim, há sempre a probabilidade de reversões no percurso.

Sob esse aspecto, observar "as janelas de longo prazo" é fundamental para verificar a eficiência e a segurança da carteira. O foco de uma alocação estrutural, de longo prazo, deve estar em um horizonte de alocação de, pelo menos, 24 meses. Isso não significa alocar e "deixar para lá" ou "esquecer o ativo". O acompanhamento do cenário e dos fundamentos de cada ativo precisa ser constante. O gatilho para a mudança de alocação estrutural precisa, entretanto, estar na alteração do fundamento de longo prazo. No curto prazo, o mercado oscila muitas vezes em função de rumores, que podem ser confirmados ou desmentidos nos dias subsequentes, impactando retornos mais longos.

Dessa forma, com esse prazo de observação de 24 meses, somos capazes de diluir períodos muito bons ou períodos muito ruins quando observamos a rentabilidade da carteira. A vontade de mudar muitas vezes de ativo ou de querer uma carteira muito ativa só beneficia as autoridades fiscais por causa dos impostos referentes a essas realocações de ativos. Existem casos de vários fundos que desempenham muito bem em determinados anos e muito mal em outros. Contudo, quando se examina "janelas mais longas", conseguimos perceber a consistência do resultado de longo prazo. Existem pesquisas que mostram que, se o investidor observar qual foi a classe de ativos que teve a melhor performance no ano anterior e colocar todos os seus recursos nessas classes, repetindo isso todo ano, a rentabilidade da carteira tende a ficar abaixo do patamar mínimo de segurança. Isso justifica o argumento de que olhar estritamente para o curto prazo não funciona. O que não quer dizer que se deva ter desatenção às movimentações do mercado. Nesse caso, a diligência para saber o que está afetando a carteira é fundamental para entender o que aconteceu caso uma rentabilidade não se realize. Ou seja, é muito importante ter atenção, ao mesmo tempo, aos fundamentos dos ativos e aos movimentos de mercado.

É fácil sugerir "vender na alta" e "comprar na baixa", mas, no dia a dia, vemos que essas são as operações menos óbvias de se fazer. Para o investidor comum, verifica-se que é muito mais frequente alocar recursos em um fundo de ações quando o índice da bolsa está alto do que quando há muita incerteza e o índice da bolsa está baixo. É exatamente nos momentos em que existem muitas incertezas no mercado que

ATIVOS FINANCEIROS — FORMAÇÃO DE PORTFÓLIO

as melhores oportunidades de investimento se apresentam, o que tem de ser visto no conjunto da carteira e no perfil de risco do investidor.

Nesse sentido, vale recordar os três meses anteriores à eleição presidencial de 2018, quando existiam, por exemplo, opções de taxas prefixadas de 10% a.a. Quando o investidor era provocado com a ideia de alocar recursos nessas taxas prefixadas altíssimas, a resposta mais comum era: *"Ah, mas está tudo muito incerto. O melhor é esperar o resultado da eleição para fazer a alocação."* Nesse momento é necessário ser mais enfático e explicar que só existe o prêmio, ou seja, uma taxa alta, porque existem incertezas. Diante dessas incertezas é que o investidor consegue buscar um retorno diferenciado. De modo geral, é muito difícil encontrar uma possibilidade de investimento com retorno diferenciado sem que exista um desconforto pelo risco associado à decisão.

Precisamos reforçar a ideia de estarmos constantemente analisando os fundamentos dos ativos. Como exemplo, vamos imaginar um diálogo entre um investidor e seu assessor de investimentos. Em uma tarde de uma segunda-feira, por exemplo, ambos traçam um plano de investimentos que parece fazer sentido. Na terça-feira de manhã, entretanto, acontece alguma coisa no cenário macroeconômico que muda completamente os fundamentos no médio e longo prazos. Nesse caso, o assessor vai ligar para o investidor e avisar que, em função do que aconteceu na terça-feira de manhã, a conversa de segunda-feira não é mais válida. Consequentemente, a estratégia precisa ser repensada e a recomendação pode ser sair do ativo, mesmo que o investidor tenha acabado de entrar, já que *"o melhor prejuízo é o menor prejuízo"*.

Além dos fundamentos, o preço é outra variável muito importante quando se pensa na escolha de ativos para a formação da carteira. Muitos investidores imaginam que comprar "bons" ativos é uma garantia de ser bem-sucedido, só que a realidade não é essa. Esse efeito ocorre quando se compram "bem" os ativos e isso faz toda a diferença. Exemplificando, um automóvel de luxo é considerado uma ótima opção, mas, se for pago o preço de um hiperluxuoso, está se fazendo um mau negócio. Por outro lado, caso apareça a oportunidade de comprar um carro popular pela metade do preço da tabela dos carros usados e esse automóvel puder ser vendido pelo preço sem desconto da tabela um mês depois, um ótimo negócio será realizado, com um ativo que não é de uma qualidade tão boa quanto o carro de luxo. Nesse sentido, a questão do preço é um cuidado que o investidor precisa ter em relação à avaliação de ativos que seduzem pela qualidade.

Consequentemente, quando se observa cada um desses fatores listados — avaliação adequada de perfil de risco, eficiência fiscal, diversificação, descorrelação, atenção aos preços de compra, horizonte de observação adequada de investimentos e atenção constante aos fundamentos dos ativos —, a rentabilidade tende a surgir de forma natural e coerente. Isso é infalível? Não, em matéria de investimentos, nada é, mas esse é o melhor caminho para construir uma boa carteira.

Seguindo nossa metáfora inicial, com a "cozinha pronta" podemos nos concentrar mais nos ingredientes em si; no nosso caso, cada um dos ativos financeiros disponíveis para aplicação.

DINHEIRO EM PAPEL E CONTA CORRENTE

Por ordem de gradação, o nível máximo de liquidez, isto é, a condição em ter um recurso disponível para sua utilização imediata, é o dinheiro em espécie ou os recursos em conta corrente nos bancos, o que não pressupõe uma aplicação — ao menos no Brasil ainda não temos juros nominais negativos, como em alguns bancos do exterior, que cobram para o depositante só deixar neles os recursos em reserva.

ATIVOS FINANCEIROS — FORMAÇÃO DE PORTFÓLIO

CLASSES DE ATIVOS

Pós-fixados

Nesta categoria está o **Tesouro Selic, antiga LFT (Letra Financeira do Tesouro)**, que é um título do Tesouro Nacional atrelado à taxa básica de juros, a Selic, determinada pelo COPOM (Comitê de Política Monetária do Banco Central). Os títulos do Tesouro, em geral, são considerados os de menor risco de crédito no mercado local e o Tesouro Selic está entre os menos voláteis que podemos ter. Outro ativo seria o **CDB (Certificado de Depósito Bancário),**[1] que alguns bancos, particularmente os grandes, costumam oferecer com liquidez diária com percentual atrelado ao **CDI (Certificado Depósito Interbancário),**[2] por exemplo, 98%, 100% ou 101% — como o próprio nome diz, são as taxas que os bancos cobram entre si nas trocas de reservas na compensação bancária. Alguns CDBs têm liquidez diária e outros têm restrições aos prazos de vencimento. Quem busca liquidez ou rentabilidade precisa considerar as opções para escolher o que é mais conveniente.

Este momento é oportuno para registrar a máxima de que todo investimento deve ser analisado com o tripé Risco, Rentabilidade e Liquidez. De modo geral, para que se tenha ao menos duas destas três características, é preciso, geralmente, abrir mão da terceira.

Por exemplo, o Tesouro Selic e o CDB têm liquidez imediata. Por mais que se tenha uma boa liquidez e uma boa segurança, tendem a ter rentabilidade menor do que a de um ativo de outra classe, ou de um CDB com prazo de resgate no vencimento.

---

1 Os CDBs são títulos que têm de garantia o FGC (Fundo Garantidor de Crédito), que também garante aplicações de outros ativos, como a Poupança, a LCI (Letra de Crédito Imobiliário), a LCA (Letra de Crédito de Agronegócio) e depósitos à vista em conta corrente.

2 O CDI é uma das formas de referência de remuneração do CDB. Seu índice está atrelado à Selic e a negociação ocorre entre os bancos, daí o termo "interbancário", com a transferência de recursos de uma instituição financeira para outra.

CONQUISTANDO SEU FUTURO FINANCEIRO

Há outros veículos com função parecida: fundos de investimento que têm como ativos, exclusivamente, o Tesouro Selic e fundos que compram esses mesmos títulos e ativos de crédito privado com boa qualificação de crédito; são basicamente os fundos DI,[3] que buscam um retorno próximo de 100% do CDI, ou marginalmente acima deles.

Para avaliar um fundo DI — partindo do pressuposto de que, de fato, os créditos que o constituem são créditos privados de primeiríssima linha e têm o percentual adequado em Tesouro Selic —, o grande diferencial será a taxa de administração. Quanto menor a taxa de administração, melhor. Existem, ainda, fundos que são 100% compostos de crédito privado; outros fundos de baixo e médio risco têm liquidez não imediata, mas de D+5, D+10 e D+15, o que varia muito de fundo para fundo. Há fundos com limite de liquidez um pouco mais restrito — por exemplo, D+30 ou mais — e que possuem ativos de médio e alto risco, com percentual de remuneração mais alto do que o CDI.

Recentemente têm surgido críticas mais contundentes sobre a classe pós-fixada (atrelada ao CDI), que não necessariamente é justa. É preciso, em primeiro lugar, entender o papel que cada uma dessas classes tem na composição da carteira de investimentos. A classe pós-fixada tem três funções primordiais na construção de um portfólio: a primeira delas é a geração de liquidez,[4] isto é, possibilidade de acesso a determinado recurso.

O segundo ponto fundamental da classe "pós-fixada" é ajustar a volatilidade da carteira. Ao estruturar uma carteira, o investidor precisa levar em conta questões para além da liquidez de emergência ou para alguma particularidade eventual. Muitas vezes, é importante que a carteira tenha posições em ativos pós-fixados para que, quando os demais

---

3 Os fundos DIs acompanham a rentabilidade do CDI. Eles são um tipo de fundo referenciado, ou seja, utiliza-se determinado índice como referência de rentabilidade a ser atingida.

4 Liquidez é a capacidade de converter um ativo financeiro em recursos em conta corrente.

ATIVOS FINANCEIROS — FORMAÇÃO DE PORTFÓLIO

ativos sofram um revés, seja possível proteger a carteira de um retorno pior. A questão da descorrelação também se aplica muito bem a essa classe de ativos. O outro papel importante é para o rebalanceamento da carteira. Imaginemos que uma carteira recomendada para determinado investidor indique que 10% dos recursos estejam em renda variável. Se, eventualmente, este mercado cair, por exemplo, 50%, é recomendável que o investidor faça uma realocação dos 5% dessa carteira, que estejam no pós-fixado para fazer essa recomposição da parte de renda variável.

Alocar em um investimento que tenha como garantia o FGC (Fundo Garantidor de Crédito) pode ser interessante, mas, para essa conclusão, é preciso considerar o nível da taxa de juros que agrada o perfil de cada tipo de investidor. Em um ambiente de taxa de juros muito baixa, faz pouca diferença se o investidor possui uma aplicação de 100% ou de 115% sobre o CDI, pois o CDI em si estaria em um nível muito reduzido.

Neste ambiente, uma alternativa seria dar preferência para os ativos pós-fixados de alta liquidez para que se possa tirar proveito de um eventual cenário de alta volatilidade do mercado para alocar os recursos em outros ativos.

Para o investidor ultraconservador, entretanto, que terá 100% de sua carteira em ativos pós-fixados, vale a pena buscar alguns ativos que são isentos de imposto de renda no pós-fixado e que, eventualmente, tenham um pouco menos de liquidez, já que boa parte da liquidez não será utilizada.

Nos fundos de crédito privado, observa-se que eles podem ser abertos ou fechados. Nos fundos abertos, quando ocorre uma crise mais acentuada como vimos ao longo de 2020, muitos investidores começam a fazer resgates aproveitando a liquidez.

Um fundo de crédito privado aberto é aquele em que, a qualquer momento, o investidor pode resgatar os recursos. Já o fundo de crédito privado fechado terá um resgate em data futura previamente estabelecida, ou é uma cesta de ativos que pode ser negociada em bolsa.

Nos fundos de crédito privados abertos com resgate imediato, por melhor que seja a gestão do fundo, embora o gestor coloque bons ativos dentro do fundo, alguns desses ativos possuem níveis de liquidez variada. O grande problema é que, quando ocorrem eventos como os de março de 2020, os mercados ficam atrás da liquidez e começam a resgatar valores, inclusive desses fundos. A questão desses fundos de crédito privado é que, na primeira leva dos ativos de crédito de boa qualidade, a venda é rápida, por um preço razoável, entretanto, na medida em que o nível da liquidez é reduzido, o desconto para um bom ativo acaba sendo muito maior, e os com menor liquidez, por melhor que seja a qualidade, ficam muito depreciados.

Na situação do fundo de crédito privado fechado, aconteça o que acontecer, com um fundo com data de encerramento ou não, o gestor pode ter a tranquilidade de alocar essa carteira em bons ativos; e, se ele confia que esse crédito será pago ao longo do tempo, será possível alocar os recursos de forma integral, em bons ativos e, às vezes, em nomes menos óbvios, menos conhecidos.

Em um fundo aberto, até por necessidade de fazer frente aos resgates a qualquer tempo, o fundo terá uma alocação menos eficiente, com percentual relevante em ativos com alta liquidez, mas com um retorno não tão alto; em seguida, terá ativos com rentabilidade um pouco mais elevada, mas com liquidez mais restrita; e, em outros, com bom retorno, bom fundamento, mas com fraca liquidez. A tendência, portanto, é que um fundo aberto tenha uma alocação menos eficiente e um retorno potencial mais baixo, correndo o risco de punir o cotista que é mais disciplinado.

ATIVOS FINANCEIROS — FORMAÇÃO DE PORTFÓLIO

Já no caso de um fundo fechado negociado em bolsa, o gestor não precisa se preocupar com a sua liquidez. O investidor que quiser sair no meio do caminho pode vender as cotas do fundo no ambiente de bolsa.

Atualmente existem diversos fundos de **CRIs (Certificados de Recebíveis Imobiliários)** negociados em bolsa de valores, sendo uma alternativa para gerar liquidez para um fundo fechado, no qual a carteira é um pouco mais eficiente do que nos fundos abertos.

As **LCAs (Letras de Crédito do Agronegócio)** e as **LCIs (Letras de Créditos Imobiliários)** são letras de crédito que contam com a garantia do Fundo Garantidor de Crédito. Mais importante do que ser do agronegócio ou imobiliário é o risco de crédito dos respectivos ativos. Muitos investidores preocupam-se com o tipo da Letra, com preferência, por exemplo, pelo agronegócio em relação ao imobiliário, quando, na verdade, o que deveria orientar o investidor é a busca por uma letra de crédito de um banco que esteja alinhado ao risco suportado diante da taxa que julga adequada.

Enquanto as LCAs e LCIs são emitidas por instituições financeiras, os **CRAs (Certificado de Recebíveis do Agronegócio)** e os CRIs são emitidos por instituições não financeiras. Os CRAs e os CRIs não contam, entretanto, com a garantia do Fundo Garantidor de Crédito. Neste sentido, a diligência em relação à qualidade de crédito é decisiva. Uma sugestão fundamental para quem pretende alocar em ativos de renda fixa, que não são garantidos pelo FGC, é não alocar um percentual significativo em uma empresa, por melhor que ela seja. É preferível limitar as aplicações a um percentual de 2% a 3% da carteira, jamais excedendo a 5%. Mesmo que a empresa seja muito boa, existem casos em que, de uma hora para outra, empresas com elevado rating de crédito perdem essa qualidade. A **diversificação** é, portanto, um conceito fundamental no que diz respeito a ativos isentos de imposto de renda e que não contam com o FGC.

Outro erro que os investidores cometem ao aplicar em investimentos com a proteção do FGC é alocar o máximo, já que até R$250 mil estão garantidos. O ideal seria alocar um valor menor do que os R$250 mil, pois será possível incluir a rentabilidade deste ativo, contando que até a data do vencimento os recursos totais (principal e rendimentos) não superarão esse valor, lembrando que esse limite é por CPF e por instituição financeira.

De um modo geral, quem está começando a juntar recursos para iniciar seus investimentos fica em dúvida sobre para onde direcionar esses recursos. A **primeira alocação a ser feita** deve ser a pós-fixada, em um fundo DI ou CDB DI com liquidez diária, para constituir uma **reserva de emergência** de, pelo menos, seis meses de suas despesas, para justamente ser utilizada nos "dias de chuva".

Registra-se que há outro veículo pós-fixado, que se aplica a todas as outras classes de renda fixa, a Letra Financeira; este ativo só terá liquidez no vencimento e não dispõe de isenção fiscal; são ativos que podem ser prefixados, pós-fixados e de juros reais, emitidos por instituição financeira.

Prefixados

O ativo prefixado é o *"big bang"* do mercado financeiro: a grande bola de fogo de onde tudo se origina.

Descobrir a dinâmica de um título prefixado é um momento fascinante no aprendizado sobre o mercado financeiro. É um conceito simples, a partir do qual deriva boa parte dos demais conceitos para o mercado financeiro.

A remuneração de um título prefixado tem como referência a expectativa média que o mercado tem para a taxa básica de juros ao longo dos próximos períodos.

ATIVOS FINANCEIROS — FORMAÇÃO DE PORTFÓLIO

Ao realizarmos, por exemplo, uma consulta ao Tesouro Direto à procura de um título prefixado com vencimento em 01/01/2026, encontra-se uma taxa de 8,58% a.a. De onde surge essa taxa anual? Do mercado de juros futuro que, por sua vez, é o mercado no qual os investidores, à medida que vão comprando e vendendo, mostram qual é a expectativa média do mercado da taxa básica de juros para uma data futura; em geral, o mercado baliza essas datas no início de cada semestre; são os contratos mais líquidos, como 01/07/2023, 01/01/2024, 01/07/2024 e assim por diante. O DI futuro do dia 01/01/2026 estaria hoje em 8,35%, enquanto o título do Tesouro que vence em 01/01/2026 estaria em 8,58%, como vimos anteriormente. Descontando a taxa de custódia padrão de 0,25%, a taxa DI e a taxa do título do Tesouro estão muito próximas entre si.

Como funciona a dinâmica de um título prefixado? Trata-se de um ativo sobre o qual conhecemos o seu início e o seu final. Quem comprasse hoje um título prefixado do governo, como o Tesouro Prefixado (antiga LTN), a preços do dia 20/04/2021, pagaria R$679,25 e no dia 01/01/2026 este investidor receberá o valor bruto de R$1.000,00 por título, sem descontar o imposto de renda. Isso significa que o preço do título vai evoluir em uma linha reta? Não, pois, ao longo do tempo, as variações de rentabilidade deste título podem ser acima ou abaixo do esperado na data de aquisição; mas, na data de vencimento do título, o valor do resgate será exatamente R$1.000,00. Observa-se que um título com vencimento mais curto, em 01/07/2024, era negociado a R$783,22, mais próximo do valor de resgate de R$1.000,00, à medida que a taxa de vencimento se aproxima.

Além dos títulos prefixados com fluxo de pagamento somente no vencimento, também existe o **Tesouro Prefixado com juros semestrais (antiga NTN-F),** que, como o próprio nome sugere, paga nos primeiros dias úteis de janeiro e de julho, sendo uma boa alternativa para o investidor que deseja recebimentos periódicos.

Observa-se que os títulos do governo são considerados os de menor risco de crédito disponível. Além da aquisição direta dos títulos públicos, o investidor pode adquirir cotas de fundos que compram esses títulos prefixados, de modo geral com boa liquidez (D1 ou D2), CDB prefixado (que pode ou não ter um período de carência) ou Letra Financeira prefixada[5] (esta não possui liquidez), além das LCIs e LCAs prefixadas.

Quais os riscos dos ativos prefixados? Podemos destacar os dois principais: (1) a inflação subir para um nível muito acima do esperado e assim corroer a taxa previamente estabelecida **(risco financeiro)**; e (2) o prefixado "travar" em determinada taxa e o CDI começar a subir, apresentando uma rentabilidade maior do que a taxa prefixada no período **(risco de oportunidade)**.

É preciso, portanto, muito cuidado com Letras Financeiras Prefixadas. O risco inflacionário no Brasil não é desprezível e reaparece de tempos em tempos. Registra-se que o retorno adicional para abrir mão da liquidez com uma taxa prefixada precisa ser condizente com o risco de liquidez que o investidor está incorrendo em um título prefixado sem a possibilidade de resgate antecipado.

Um veículo que tem se popularizado cada vez mais é o tipo **ETF (Exchange-Trade Fund)**, que replica algum índice ou algum ativo. Por exemplo, o IRFM11 é negociado em bolsa, replica o IRFM, é o principal balizador dos títulos prefixados e contém uma cesta de títulos prefixados, e esta cesta gera uma taxa e uma rentabilidade. É uma espécie de Ibovespa dos títulos prefixados, reproduzindo passivamente este índice.

---

5 A Letra Financeira Prefixada é um título prefixado que embute um risco maior do que as demais subclasses de renda fixa, pois a taxa já está posta, já é prefixada, não ocorre qualquer tipo de proteção contra a inflação acima da que está contratada.

Títulos de Inflação (Juros Reais)

Estes títulos têm uma rentabilidade associada à inflação medida pelo IPCA — que é apurado pelo IBGE (Instituto Brasileiro de Geografia e Estatística) — mais uma taxa de juros. Estes títulos trazem, em princípio, a segurança na manutenção do poder de compra do valor no resgate, acreditando no indexador como capaz de repor os preços da nossa cesta de consumo.

Os investidores ultraconservadores, que concentram 100% de sua carteira em pós-fixados, costumam enxergar segurança no CDI quando, na verdade, **o CDI oferece previsibilidade**. Ao longo de 2020, por exemplo, a variação do CDI foi de 2,75%, enquanto a inflação pelo IPCA foi de 4,52%. O que **o investidor deve perseguir é a manutenção do poder de compra** do seu ativo. Se hoje ele abre mão de um consumo para investir, após o período de tempo de maturação deste investimento espera-se que o consumo futuro possa ser superior à capacidade de consumo presente, ou seja, significando uma proteção contra a corrosão inflacionária. Os **títulos com remuneração atrelada ao IPCA mais juros reais oferecem esse tipo de proteção**.

Assim como ocorre nos títulos prefixados do Tesouro, os títulos de juros reais também possuem dois tipos, como o Tesouro IPCA (antiga NTN-B Principal — Notas do Tesouro Nacional classe B principal), que não paga cupons semestrais, ou o Tesouro IPCA com juros semestrais (novo nome das NTN-Bs com juros semestrais).

É necessário que o investidor tenha a exata dimensão de que, quanto mais longo for o vencimento do título, mais a carteira de aplicação estará sujeita a grandes oscilações. No caso do título mais curto, a oscilação percentual será muito pequena, mas, no título com vencimento muito maior, com prazo de trinta anos, por exemplo, pode se verificar uma forte diferença de rentabilidade. Caso o resgate ocorra antes do vencimento, o investidor corre o risco de não realizar o ganho de rentabilidade esperado, podendo enfrentar perdas significativas. Como exemplo, na época do escândalo das divulgações dos áudios entre o presidente Michel Temer e o empresário Joesley Batista (JBS), os títulos de renda fixa experimentaram uma queda de rentabilidade significativa (aproximadamente 25% de queda em NTN-Bs com vencimento mais longo, sem pagamento de cupons). Quanto mais próximo do vencimento, menos sensível um título será em relação às oscilações conjunturais.

Além dos títulos do Tesouro existem fundos que replicam os índices de referência, que variam em função do vencimento de cada carteira, como IMA-B, IMA-B5, IMA-B5+, entre outros. O que muda em cada um desses títulos é o vencimento médio em cada uma dessas carteiras. Esses vencimentos médios mudam de tempo em tempo, pois as carteiras são constantemente rebalanceadas. Cada um desses vencimentos também apresenta ETFs: IMAB11, que replica a carteira do IMA-B, que é o principal índice de referência das NTN-Bs. IB5N11 replica o IMAB5+. Já IMB5 é replicado pela ETF B5B211.

Abrir mão de liquidez nessas hipóteses não é tão preocupante, a confirmar o perfil de cada investidor, mesmo que o retorno, *a priori*, seja um pouco menor do que do título prefixado. Neste caso, a Letra Financeira de juros reais, por trazer segurança da proteção contra o IPCA, é um veículo que atende ao perfil, ao contrário da Letra Financeira prefixada.

A partir de 2011, o governo federal criou as debêntures incentivadas, que são um veículo que tem muita aceitação, pois é vantajoso para o governo ao retirar a dependência ao BNDES, e favorável às empresas, pois estas conseguirão contrair um endividamento com taxa de juros menor do que seria no financiamento bancário tradicional. Para as pessoas físicas também é interessante, pois estas passam a ter acesso

ATIVOS FINANCEIROS — FORMAÇÃO DE PORTFÓLIO

a uma taxa de remuneração que pode ser maior do que na NTN-B, sendo possível comprar dívida de uma empresa de primeira linha e ainda ter o benefício da isenção fiscal. É um bom veículo para obter **eficiência fiscal**, funcionando para governo, empresas e pessoas físicas. Para ter essa isenção fiscal, é necessário que seja uma debênture emitida pelo setor de infraestrutura.

Também existem CRAs e CRIs de juros reais, assim como temos o pós-fixado. Atualmente são ativos cada vez mais negociados pelos investidores, e vêm se popularizando, tanto no que se refere a títulos isolados quanto via fundos de CRIs que são negociados em bolsa. Observa-se que há fundos alternativos, tendo por referência o IPCA+, com um prêmio bastante razoável.

De modo geral, nessas emissões de debêntures, CRAs e CRIs, as empresas conseguem viabilizar a captação de recursos via fundos, em vez de uma emissão pública. São os chamados **"fundos de papel"**, que captam recursos para comprar uma cesta de CRIs; e os cotistas dos fundos recebem o crédito mensal isento de imposto de renda; são interessantes para quem receia a expansão da inflação no curto prazo.

No que os fundos de CRIs se diferenciam de debêntures, NTN-Bs e de outros títulos de juros reais? De modo geral, para a maioria dos títulos de juros reais, os pagamentos dos créditos dos cupons de juros referem-se à parte que excede a inflação, isto é, se um determinado título remunera IPCA +3%, o fluxo desse pagamento será somente dos 3%, de forma que a inflação vai sendo corrigida no título e com o passar do tempo o próprio fluxo de pagamento também vai sendo corrigido; e no vencimento o investidor receberá o valor do título corrigido pela inflação. Durante sua vida, esses títulos podem sofrer grandes oscilações em razão das expectativas de inflação do período.

Em relação a alguns fundos de CRIs negociados em bolsa em forma de FII (Fundo de Investimento Imobiliário), estes distribuem não somente a taxa de juros que excede a inflação, mas também a inflação do período. Portanto, se em determinado mês ocorrer uma expansão da inflação, o rendimento mensal consequentemente ficará maior. Sendo assim, os fundos de CRIs são uma boa alternativa para proteção de inflação no curto prazo, embora isso não queira dizer que não possam sofrer perdas em seu valor de mercado pois, como essas cotas são negociadas em bolsa, em momentos de maior volatilidade estão sujeitas a oscilações para mais ou para menos.

Principais Indicadores de Inflação

Em 2020 o **IGP-M (Índice Geral de Preços ao Mercado)** registrou uma variação muito acima do **IPCA (Índice Geral de Preços ao Consumidor Amplo)**, enquanto, em outros períodos, foi possível observar o movimento oposto. Como o IGP-M oscila muito em função da variação do câmbio, a elevação do IGP-M neste período fica acima do que ocorre para o IPCA. Quando o horizonte de observação é aumentado, por exemplo, para uma série histórica de quinze anos, é possível notar que ambos os índices não apresentam diferenças significativas. Entre 2005 e 2019, por exemplo, enquanto a variação do IPCA foi de 122%, o IGP-M registrou elevação de 127% nesse mesmo intervalo.

Algumas instituições emitem títulos ou ativos atrelados ao IPCA e, olhando o retorno passado, tomaram decisões de forma generalista. O IPCA é um índice mais previsível, menos volátil do que o IGP-M; é o índice que o Banco Central utiliza para a definição da política de metas para a inflação.

O leitor pode estar se perguntando qual a influência do IGP-M sobre a precificação dos títulos, na medida em que é o índice utilizado no reajuste dos aluguéis. Nos fundos imobiliários "de tijolo", esta relação traz influência, já que os aluguéis são reajustados em geral pelo IGP-M. Em um ano de crise como 2020, entretanto, se o gestor resolver repassar o IGP-M inteiro, a chance de perda do inquilino é grande, sendo necessário ter uma flexibilidade nesta negociação.

No caso dos fundos de CRIs, os contratos já estabelecem previamente um reajuste pelo IPCA, de modo que o cuidado que o gestor precisa ter é se está emprestando o dinheiro para um bom pagador, para que não ocorra o risco de inadimplência e de prejuízo ao investidor.

MULTIMERCADOS

Os multimercados constituem uma classe que, apesar da aparente simplicidade, tem derivações relevantes.

Os multimercados podem ser classificados como *macro trading* e *macro carregamento*. O *macro trading* está relacionado aos movimentos táticos de curto prazo; em geral, são fundos menores que não conseguem ou não deveriam ter volume de recursos extremamente relevante sob sua gestão.

É comum que os investidores questionem o que levou um determinado fundo a fechar para novas captações. Em muitas situações, as condições de mercado são alteradas de tal forma que a instituição precisa ter agilidade adequada para realocar suas posições com a mesma estratégia proposta. Se esses fundos ficarem grandes demais seriam como um enorme navio transatlântico, que não é capaz de realizar uma manobra de 180° em um curto espaço de tempo.

Um fundo multimercado precisa ter agilidade, muitas vezes associada à necessidade de migrar de uma posição à outra, sobretudo quando se trata de um fundo *macro trading*, cujo foco é o retorno de curto prazo. Já os fundos de *macro carregamento* possuem um horizonte de estratégias com foco no longo prazo, o que não quer dizer que, eventualmente, estes fundos não possam reverter alguma posição no curto prazo em função da mudança das expectativas nos cenários de médio e longo prazos ou até mesmo pelo alcance do objetivo estipulado de forma antecipada.

Os fundos multimercados podem ser compostos de diversas classes de ativos que permitem alocações diversas, tais como de renda fixa, pós-fixados, prefixados, inflação, de renda variável, moedas, investimentos no exterior, commodities, entre outros.

A grande vantagem dos fundos multimercados é que o gestor tem flexibilidade para tirar proveito, seja de um cenário de alta ou de baixa. Se o gestor acreditar que determinado cenário vai piorar, o fundo pode lançar mão de instrumentos de proteção e, assim, eventualmente, ter resultados positivos, mesmo na adversidade, como pode ser observado em alguns fundos que conseguiram excelentes performances ao longo das últimas crises.

Para avaliar um gestor de multimercado, é muito importante analisar o histórico de longo prazo do fundo.

Na hora de avaliar um fundo multimercado, é relevante saber se os gestores responsáveis pela boa performance do fundo ainda fazem parte da equipe, pois pode ser que tenha havido trocas significativas na equipe de gestão do fundo, de forma que o histórico de sucesso seja reflexo do trabalho de profissionais que não estão mais presentes. É importante entender quem são os novos gestores, de onde vieram e qual a experiência deles. Particularmente, quando um time de gestão sai de determinado fundo, uma luz amarela deve ser acesa para o investidor na hora de tomar a decisão de aplicar ou resgatar suas aplicações de um fundo.

Uma questão interessante ocorre quando um gestor decide migrar ou fundar uma nova gestora de recursos. Nesse momento, o investidor deve se questionar se vale a pena acompanhar essa mudança, levando

ATIVOS FINANCEIROS — FORMAÇÃO DE PORTFÓLIO

parte de suas aplicações para a nova gestora. Para avaliar essa possibilidade, o investidor precisa considerar se esse gestor já passou pelo período inicial de avaliação e se ainda assim continua apresentando resultados adquiridos em casas anteriores, se há consistência nos resultados, se há boa parte do patrimônio pessoal dos gestores no fundo etc. Se essas considerações forem favoráveis, pode ser uma boa estratégia alocar os recursos na nova casa.

Existem fundos multimercados com variados graus de risco ou volatilidade (baixo, médio e alto). Os fundos multimercados de baixo risco tiveram um papel fundamental no processo de diversificação de carteiras de clientes que eram ultraconservadores (100% pós-fixados), permitindo que esses investidores enxergassem novas possibilidades, assumindo algum grau de volatilidade e risco em suas carteiras.

Quanto menor for o risco, menor é a possibilidade de atuação do gestor. O que isso quer dizer? Significa que ele terá uma flexibilidade menor na distribuição desses recursos em carteira, com um viés muito aderente ao pós-fixado. Essa limitação na flexibilidade em um mundo de taxas de juros muito baixas é ruim. Observa-se que boa parte dos fundos multimercados de baixo risco ainda cobra uma taxa de administração padrão de 2%, com 20% de taxa de performance, o que reduz sua atratividade.

Os fundos multimercados de baixo risco são um tipo de fundo importante para quem é avesso a riscos e quer iniciar uma experiência nova, lembrando que, em um ambiente de taxas de juros muito baixas, a taxa de administração pode ser muito impactante no retorno absoluto do fundo.

Para os investidores mais conservadores, uma possibilidade é destinar uma menor quantidade de recursos a fundos que têm uma volatilidade mais próxima à média do mercado; sabendo dessa realidade, vale buscar ativos ou veículos que estão sujeitos a maiores oscilações, porém, com volume de capital reduzido, para que o investidor possa ir se acostumando com essa realidade.

Com o passar do tempo, o investidor pode realizar incrementos nesses ativos, à medida que o seu conforto em relação a esses veículos aumenta, considerando as opções com um bom histórico de longo prazo e fundamentos.

De modo geral, as pessoas não são avessas a riscos. Na verdade, são avessas às perdas. Não adianta o investidor aproveitar uma janela de seis meses boa, na qual o fundo e o mercado tenham apenas subido, e a partir disso ficar convencido de que está "superconfortável" com a alocação em multimercado. O que se recomenda ao investidor é aguardar um mês negativo para perceber sua reação. Será que esse investidor não perderá nem um minuto de sono? Não houve um dia ou uma noite em que esta alocação o deixou preocupado? Caso o investidor tenha passado ileso, sua exposição a risco pode se ampliar.

O humor do investidor em geral é pendular; às vezes a situação começa a ficar positiva e ele passa a crer que o Brasil vai se transformar na Suíça, que o mercado não terá mais perdas, que vale a pena tomar mais riscos etc. Também acontece o contrário, quando o investidor acredita que o Brasil vai se transformar em um país de fronteira da economia, o pior país do mundo, daí por diante. Nessas horas o investidor precisa ser lembrado de que não somos nem o melhor nem o pior país do mundo para investir, somos o Brasil, com nossos defeitos e nossas virtudes. É preciso não ser levado por uma onda de euforia quando o mercado está em alta ou por uma onda de pessimismo quando o mercado está em baixa. Nesse momento, é importante lembrar da máxima de que o investidor deve vender na alta, comprar na baixa e manter a disciplina de longo prazo. Sempre temos que avaliar os fundamentos para que essa máxima faça sentido. E mesmo que haja essa

ATIVOS FINANCEIROS — FORMAÇÃO DE PORTFÓLIO

avaliação, não é uma estratégia infalível. Não há estratégias infalíveis no mercado.

É importante ressaltar que, em momentos de incerteza extrema, nos quais a possibilidade de avaliação de cenário fica muito prejudicada, manter a posição pode ser uma boa estratégia. Imagine que, durante um voo, a aeromoça ofereça um lugar vago na primeira classe, o que parece ser uma boa proposta. A aeromoça, entretanto, informa que há uma condição: não há cinto de segurança que proteja contra o impacto de turbulências — e estes momentos ocorrerão. Será que o nível de satisfação em voar na primeira classe sem cinto de segurança é maior do que chegar ao destino sem os solavancos ou feridas graves causadas por uma severa turbulência? Nos momentos de maior incerteza, é prudente ter a segurança de um nível de previsibilidade mínimo antes de mudar de posição.

Anteriormente, comentamos que é importante ser mais arrojado em momentos delicados (dentro de um cenário mínimo de previsibilidade), mas desde que ainda tenha espaço na carteira para aumentar o risco, sem alterar o perfil do investidor. Não é prudente se aventurar para além daquilo que o perfil de risco de cada investidor comporta.

Uma das grandes vantagens dos multimercados é a possibilidade de alocação em praticamente qualquer classe de ativos, o que leva a uma expectativa de que os fundos multimercados não tenham uma correlação forte com determinado indicador, como, Ibovespa, IMA-B, IRF-M, ouro, dólar etc.

O que se espera de um fundo multimercado é que este tenha um perfil equilibrado, ou seja, que não tenha uma alta correlação com uma classe de ativos específica. Imaginemos que um determinado fundo multimercado tenha um histórico dos últimos dois anos de correlação de 90% com o IMA-B, por exemplo. Qual é o sentido de o investidor ter uma posição muito correlacionada na carteira e ainda ter que pagar 2% de taxa de administração e 20% de taxa de performance? Seria mais vantajoso o investidor comprar uma ETF que replicasse tal índice. O investidor precisa ter atenção para identificar o quão correlacionado o fundo está em relação a um determinado *benchmark* (índice de referência).

Convém recordar que alguns fundos tendem a ter um desempenho melhor do que outros em fases boas e outros que costumam não ir tão bem assim em períodos positivos, mas que conseguem se defender muito bem em cenários desafiadores, entregando uma boa performance nos períodos de crise. Aqui não há uma preferência por um ou por outro, mas pela complementaridade que ambos, somados, podem trazer para a carteira. Mais uma vez reforçamos a importância dos ativos descorrelacionados para a carteira.

Em conclusão, o investidor precisa estar atento aos fundos de multimercado que tenham um histórico consistente no longo prazo. Se for uma nova gestora, deve-se analisar quem é o gestor principal, se possui experiência no mercado; mesmo para os fundos antigos, é importante verificar se a equipe de gestão desses fundos já atua há muito tempo junta. Deve-se também atentar para a classificação de risco (baixo, médio ou alto) e para o perfil do investidor, além da correlação de que o fundo porventura possa ter em relação a algum determinado *benchmark*.

FUNDOS DE FUNDOS

O fundo de fundos (*FOF — fund of funds*) é um tipo de fundo pelo qual o investidor pode distribuir suas alocações em diversas gestoras de uma única vez por meio de um único veículo. Os *FOFs* conseguem, inclusive, alocar diretamente com algumas gestoras que estão fechadas para novas alocações para o mercado em geral. Outro ponto muito importante é que, ao longo dos anos, muitas gestoras foram encerrando suas atividades, enquanto outras foram surgindo. Ter uma equipe para atuar no monitoramento de outros fundos e explorar possibilidades de investimento é um diferencial dos *FOF*. Além disso, deve-se atentar para o fato de que, nesse caso, não serão cobrados impostos relativos a essas movimentações.

AÇÕES

Uma ação representa uma fração de uma empresa; assim, o investidor que adquirir a ação de uma empresa passa a ser sócio dela. De modo geral, os investidores que preferem adquirir ações diretamente, isto é, sem passar por fundos que possuem alocações em ações, deveriam ter a mesma visão de longo prazo que os donos da empresa adquirida tiveram ao longo dos anos.

A disciplina em relação ao longo prazo não deve ser uma fé cega, que não permita ao investidor alterar suas posições. Eventualmente o investidor pode vender as ações, caso os fundamentos se alterem em um horizonte de longo prazo, gerando perspectivas de perdas adicionais ou, em um cenário bem mais positivo, quando as ações se valorizam em um espaço de tempo muito mais curto do que imaginava-se originalmente, chegando ao seu preço considerado justo bem antes do previsto.

Também é aconselhável que a carteira de ações seja diversificada, o que permitirá, no panorama geral, um equilíbrio da carteira no longo prazo; por exemplo, se uma carteira está muito concentrada em determinada empresa e venha a enfrentar dificuldades, o prejuízo na carteira do investidor será significativo.

Neste sentido, recomendamos evitar a concentração da carteira em um ativo específico e, obviamente, caso tenha uma valorização significativa e se ganhe participação relevante no portfólio, é importante rebalancear a carteira para adequar a tese de investimentos.

Para além da alocação em ações diretas, outra possibilidade a ser considerada é a diversificação setorial. Ou seja, não adianta ter uma lista significativa de ações e todas serem do mesmo setor, pois o investidor estaria exposto a um risco específico, que poderia levar a perdas generalizadas em função de um único evento setorial.

Além da possibilidade de ter ações, outro veículo que também está à disposição do investidor é o **fundo de ações**. Dentre esses ativos temos os **fundos passivos**, que replicam determinado índice, como Ibovespa, Ibrx, fundos de dividendos, fundos do setor elétrico etc. Esses fundos passivos, de modo geral, têm taxas de administração reduzidas, até pela característica do reduzido trabalho de gestão deste tipo de fundo, que consiste em permanecer atrelado a um determinado índice e que costuma ter uma liquidez bastante razoável. Não é recomendável ao investidor alocar seus recursos em um fundo passivo de alto custo e/ou com uma liquidez muito baixa.

Nos **fundos ativos**, com os quais os gestores não têm um compromisso de seguir um índice específico, a meta do gestor é entregar o maior retorno possível ao investidor, mas espera-se que tenha, no longo prazo, uma performance melhor do que o Ibovespa. O foco desses gestores está no fundamento de cada ação e no seu potencial de valorização ao longo do tempo.

O investidor pode ter interesse em tirar sua posição desse fundo, por exemplo, se acreditar que o Ibovespa está muito elevado; entretanto, um investidor de um fundo ativo não deveria ter esse tipo de preocupação, pois esses gestores têm autonomia para se expor a outros ativos, diferentes dos principais nomes do Ibovespa.

ATIVOS FINANCEIROS — FORMAÇÃO DE PORTFÓLIO

Alocar recursos em um fundo ativo é uma compra estrutural, ou seja, é uma compra visando o longo prazo, isto é, no mínimo 24 meses. O que se espera de um gestor de um fundo ativo é que ele consiga perder menos em um momento de quedas mais bruscas e que ele consiga melhor desempenho do que o Ibovespa em momentos positivos. Os gestores precisam, de maneira consistente, performar mais do que o Ibovespa em longo prazo. No Brasil, atualmente, há uma gama de gestores excepcionais, que conseguem obter melhor desempenho do que o Ibovespa consistentemente. Mais uma vez ressaltamos a questão do longo prazo, pois a disciplina nesse aspecto fará uma diferença ainda maior. Parte desses gestores está há mais de uma década cuidando dos recursos de investidores. Dentro desse período, boa parte deles gerou um retorno significativo acima do Ibovespa. Todavia, não necessariamente conseguiram fazer isso todos os anos. Isso quer dizer que um ano não é um horizonte de longo prazo? Exatamente. E muitos que tiraram recursos desses veículos após um ano ruim deixaram de pegar a recuperação dos anos subsequentes. E como alguns desses fundos ficam fechados por muito tempo, não conseguem voltar para eles, mesmo que queiram.

Nos EUA existe uma crítica aos fundos ativos que diz que, em longo prazo, muitos deles acabam com um desempenho muito próximo aos índices de referência, sobretudo o S&P 500, que é o principal indicador da bolsa norte-americana.[6] Vale ressaltar que existe uma forte diferença entre o S&P 500 e o Ibovespa. Em primeiro lugar, aquele tem uma diversificação maior do que este e, além disso, um setor que tem muita relevância é o de tecnologia, que tem uma perspectiva de crescimento de lucro significativa. No caso do Ibovespa, há uma concentração em empresas de grande porte, mas com potencial

---

6 S&P 500 (Standard & Poor's 500) é um índice que engloba as quinhentas maiores companhias comercializadas na bolsa norte-americana. Parecido com o IBOV, esse índice é usado para perceber a força do mercado financeiro dos EUA e, consequentemente, entender os efeitos nos mercados emergentes.

CONQUISTANDO SEU FUTURO FINANCEIRO

de crescimento de lucro menor se comparado aos principais nomes do S&P 500.

No Ibovespa, quando se avança em direção à segunda ou terceira linha, pode-se encontrar empresas com potencial de crescimento de lucro muito superior às *blue chips*[7] do mercado nacional (primeira linha).

Ter preferência pelos fundos ativos em relação aos fundos passivos não significa dizer que 100% da alocação destinada à renda variável deve estar em fundos ativos, pois é saudável que parte da carteira seja direcionada ao "longuíssimo" prazo, enquanto outra parte precisa ser flexível, e essa flexibilidade normalmente está atrelada a fundos passivos.

Os fundos ativos possuem liquidez menor do que os fundos passivos. Nestes, a mobilidade é um ponto favorável para o investidor. Neste sentido, se acontecer uma valorização do Ibovespa de forma desproporcional aos fundamentos de médio e de longo prazo, por exemplo, e o investidor sentir necessidade de alterar sua posição imediatamente, esse movimento só será possível diante da presença em carteira de fundos passivos a serem resgatados rapidamente, ou ETFs que se beneficiem de uma euforia irracional que eventualmente o mercado esteja vivendo. Em conclusão, para uma carteira bem equilibrada em renda variável, é importante que o investidor tenha posições em fundos ativos e fundos passivos.

Alguns fundos de fundos também estão inseridos na parte de renda variável, portando, possuem as características que mencionamos sobre os fundos de fundos multimercados.

Os fundos setoriais ganham destaque sempre que um setor específico tenha obtido uma performance muito boa no ano anterior. Dois

---

7 *Blue chip* é um termo com origem nos cassinos, nos quais as fichas azuis são as mais valiosas. No mercado financeiro, se refere às ações de maior cotação na bolsa de valores; são ações de empresas de grande porte, com histórico de lucratividade comprovado.

ATIVOS FINANCEIROS — FORMAÇÃO DE PORTFÓLIO

aspectos, contudo, são fundamentais para levar em conta a alocação de recursos nos fundos setoriais.

Em primeiro lugar, as opções de alocação em fundos setoriais costumam ser apresentadas aos investidores quando o resultado do ano anterior foi excepcional, ou em alguma outra janela especifica favorável de observação, o que sugere que a recomendação foi feita em função do retorno de curto prazo. Em segundo lugar, o mercado de renda variável no Brasil é restrito, com poucas opções para que um gestor consiga operar de maneira eficiente. O ideal seria' que o investidor optasse por delegar essa responsabilidade a um gestor que possa ter autonomia em analisar que o setor de construção civil, por exemplo, está com uma perspectiva boa e alocar mais neste setor; ao contrário, se o setor estiver em uma fase ruim, o gestor tem autonomia para se desfazer da posição.

Em relação às **ações que pagam dividendos regularmente**, há muita subjetividade em dizer que a empresa "XYZ" é boa pagadora de dividendos ou não. Existem exemplos de empresas que no passado eram boas pagadoras mas tiveram períodos ruins e agora só pagam 5% do valor da ação em dividendos, em vez dos 10% que pagavam. Isso pode acontecer por duas razões, uma boa e outra ruim. Começando pela ruim, e mais óbvia, uma piora dos fundamentos e lucros e dividendos ser mais significativa do que a do preço das ações. A outra razão é oposta a essa, quando as ações apresentam uma valorização muito acima do crescimento dos lucros e dividendos dessa empresa. Por exemplo, se uma empresa é negociada a R$10,00 e distribui R$1,00 de dividendo ao ano, esse percentual é de 10%. Imagine agora que essa mesma empresa passou a ser negociada a R$50,00 e aumentou o seu dividendo para R$2,00. Nesse caso, mesmo o dividendo tendo dobrado, a ação foi multiplicada por cinco. Sendo assim, o percentual de dividendos pagos agora é de 4%. Essa informação não deve ser usada por si só como determinante para a venda, outras variáveis precisam ser avaliadas, mas isso mostra que o nosso foco precisa ser o longo prazo, e esse cenário prospectivo precisa ser reavaliado o tempo todo. Também por isso o acompanhamento de uma empresa boa pagadora de dividendos é uma atividade que precisa ser feita de maneira mais profunda.

Talvez a empresa tenha vendido uma participação ou algum outro ativo, como um imóvel, e este movimento tenha gerado um lucro extraordinário e, em um determinado ano, a distribuição de dividendos tenha sido muito acima da média histórica, podendo levar muitos investidores a acreditarem que esse fato isolado seria repetido nos próximos anos.

Para acompanhar se uma empresa é uma boa pagadora de dividendos é necessário analisar a recorrência no pagamento e, mais do que isso, estar atento ao comportamento da empresa nos momentos de crise. Na hora da turbulência, o investidor busca proteção na segurança dos dividendos, o que faz com que essas ações caiam muito menos em momentos de grandes crises e, às vezes, obtenham valorização; por outro lado, são ações que tendem a ficar atrás em momentos de euforia de mercado e de grandes valorizações. As ações pagadoras de dividendos são naturalmente menos voláteis do que as de crescimento. Vale ressaltar que, em fundos de renda variável *long only*, nos quais os gestores sempre precisam estar comprados em ações, a compra das boas pagadoras de dividendos é uma forma de proteção contra grandes quedas do mercado. Dessa forma, pelas razões expostas anteriormente, comprar ações boas pagadoras de dividendos tende a ser uma forma de proteção contra grandes quedas do mercado.

ATIVOS FINANCEIROS — FORMAÇÃO DE PORTFÓLIO

FUNDOS LONG SHORT

Na fronteira entre os fundos multimercado e renda variável, ficam os fundos *long biased* e os fundos *long short*, que são relativamente parecidos.

Os fundos *long short* são veículos que sempre possuem uma parcela comprada em ações e uma parcela vendida. Na parte de renda variável, existem duas formas de obter rentabilidade (e também de perder). A primeira delas é a mais tradicional: se o investidor acha que uma ação que está a R$10,00 vai subir para, por exemplo, R$15,00, ele compra essa ação e a vende quando chegar nesse preço.

Já a segunda, que é o oposto da primeira, é chamada de **venda a descoberto**. Essa possibilidade de retorno faz sentido em momentos específicos. O que ocorre quando se acredita que uma ação sofrerá uma queda de valor? Por exemplo, se essa ação estiver sendo negociada por R$15,00 e o investidor imaginar que seu preço cairá para R$10,00, uma solução seria "pegar emprestado" essas ações de alguém no mercado e vender a descoberto. A ação saiu de R$15,00 e está acontecendo o previsto, chegando a R$10,00. Quando atingir esse valor alvo, o investidor recompra a ação para devolver ao outro investidor que o emprestou anteriormente, e embolsa essa diferença de R$5,00. Para o detentor dessa ação será pago um aluguel que, de modo geral, é sempre um percentual relativamente baixo. Quanto maior for a disponibilidade dessas ações no mercado, mais barato fica esse percentual, sobretudo para ações das maiores empresas.

Nesse momento, o leitor pode se perguntar quais seriam os problemas atrelados às perdas. Quando se está "comprado" em uma ação, o pior que pode acontecer é a empresa quebrar e acarretar a perda de todo o recurso do investidor. Porém, quando se está "vendido" e o mercado vai contra a previsão feita pelo investidor, a possibilidade de perda é infinita, porque o ativo pode sair, por exemplo, de R$15

103

CONQUISTANDO SEU FUTURO FINANCEIRO

reais e, ao invés de cair para R$10,00, como previsto, pode subir para R$1.500,00. De modo geral, o que as corretoras fazem é pedir um nível de garantias para permitir que o investidor realize esses investimentos. O fundamental é estabelecer um limite superior para essas perdas. Nesse caso, ele abriria uma posição vendida com um limite para as possíveis variações.

Outra forma de obter retorno vendendo uma ação a descoberto seria fazer uma operação em par. Para esse tipo de operações, existem os **fundos *long short*,** com dois tipos de operações simultâneas que utilizam o mesmo conceito. A primeira operação acontece quando o gestor/investidor acredita que uma determinada ação vai subir enquanto outra vai cair. Já a segunda é aquela na qual os investidores acreditam que uma ação vai cair menos do que a outra, ou que uma ação vai subir mais do que a outra.

Exemplificando, vamos imaginar duas ações, A e B. Em um primeiro momento, o investidor acredita que a ação A vá subir mais do que a B. Consequentemente, ele vai ficar comprado na ação A e vendido na B. Vamos colocar números nos exemplos, considerando que cada ação custe, inicialmente, R$10,00. Após três meses, a ação A teve seu preço aumentado para R$13,00, enquanto a B caiu para R$8,00. Nesse caso, o que acontece? O investidor acertou a previsão e vai ganhar essa diferença de R$5,00 (R$13,00-R$8,00) na operação. Também pode acontecer a hipótese de ambas as ações subirem, ou ambas caírem. Neste caso, o investidor realizará lucro na operação apenas se a ação acreditada por ele no movimento de subida ou descida realmente obtiver essa variação em maior grau que a outra. Utilizando esse mesmo exemplo, a ação A teve seu preço aumentado para R$13,00, porém a B subiu para R$11,00. Dessa forma, o investidor vai realizar o ganho de R$2,00 na operação.

Foi preciso esclarecer esse conceito para explicar o fundo *long short*, porque o investidor fica *long* (comprado) em uma ação e *short* (vendido) em outra, realizando essa operação simultaneamente.

FUNDOS *LONG BIASED*

Quando se trata dos fundos *long biased*, o gestor pode ficar, no extremo, apenas comprado, mas também pode ficar vendido se acreditar que o mercado vai cair. Ele tem liberdade total para liquidar operações a fim de adequar o fundo às previsões se, em algum momento, entender que o cenário mudou. Para contextualizar essas diferenças, o fundo *long biased* estaria mais aderente, a princípio, a uma correlação com o índice Ibovespa, enquanto o fundo *long short*, não necessariamente.

FUNDOS ALTERNATIVOS

Os fundos alternativos podem ser divididos em duas classes: (1) fundos alternativos líquidos e (2) fundos alternativos ilíquidos. A diferença entre elas está no grau de liquidez de cada tipo de fundo. De modo geral, os fundos alternativos ilíquidos buscam investir em oportunidades nas quais há presença de ineficiência de mercados que podem ser corrigidas, ocupando-se com ativos e estratégias não tradicionais, não demandando liquidez.

No caso dos alternativos líquidos, exploram ativos de infraestrutura, imobiliários, créditos privados etc. Nos alternativos líquidos, em geral, a saída dos ativos é feita em ambiente de bolsa, sendo o fundo imobiliário um dos mais populares.

Fundos Imobiliários

Os fundos imobiliários são alguns dos melhores veículos de investimento para o investidor que pensa em aposentadoria ou constituição de rendimento mensal. Basicamente, esse tipo de fundo conta, em primeiro lugar, com um rendimento mensal isento de imposto de renda e possibilidade de ganho de capital da cota, e sobre essa realização de lucros incide tributação da alíquota de 20%. Outra vantagem desse veículo é a liquidez. Nesse caso, por exemplo, quando se compra um apartamento de R$1.000.000,00, o processo de venda é muito demorado e dispendioso. Porém, se essa quantia de R$1.000.000,00 estiver investida em um fundo imobiliário de alta liquidez, o investidor pode vender as cotas e em dois dias o recurso já estará em conta, com um custo muito menor. Comparando com um imóvel físico, essa rapidez para dispor desse valor é um diferencial desse tipo de fundo. Além disso, o investidor não precisa se preocupar com inadimplência ou inquilinos que não respeitem as regras do imóvel, pois existe um time de gestão que cuida disso. Ademais, não precisa se desfazer de todas as suas cotas no mesmo momento, o que não seria possível em um imóvel próprio. Assim, a conjugação de flexibilidade, fluxo mensal de renda e liquidez são fatores a se considerar positivamente em relação aos fundos imobiliários.

Sobre as suas características, podemos dividir os fundos imobiliários em dois grandes grupos: (1) **fundos de papel**, que já foram abordados na parte de renda fixa e podem ser atrelados ao CDI, no IPCA ou a ambos, simultaneamente; e (2) **fundos de tijolos**, que são assim chamados por investirem em imóveis diretamente. Ao contrário dos fundos de papel, os investidores adquirem agora uma parte de um imóvel, em lugar de ter adquirido percentual de "dívidas financeiras" nos fundos de papel. Nesse cenário, os fundos de tijolos investem em diversos setores, tais como: escritórios, shoppings, galpões logísticos

ATIVOS FINANCEIROS — FORMAÇÃO DE PORTFÓLIO

etc. Portanto, existem fundos que investem em setores diferentes ou escolhem um para se dedicar. Os fundos de tijolos podem ser subdivididos em três categorias: (a) **fundos de renda**, que investem majoritariamente em imóveis para serem alugados, fornecendo uma renda mensal; (b) **fundos de desenvolvimento**, que visam usar o capital para financiar projetos de incorporação para posterior venda e realização; e (c) **fundos de fundos**, que têm a capacidade de comprar cotas das diversas categorias de fundos imobiliários.

No dia a dia, percebe-se que boa parte dos investidores está preocupada somente com o rendimento mensal, mas isso pode levar a erros e prejuízos substanciais. Dessa forma, um ponto considerado muito importante é avaliar como esse fundo está composto, se é, por exemplo, de um só ativo ou um único inquilino. Nesses casos, o risco é consideravelmente mais alto. De uma hora para outra o prédio pode ficar 100% vazio, como durante a pandemia, com empresas que eram locatárias de andares ou salas comerciais e passaram a dedicar sua operação em *home office*, ou ainda em períodos normais, nos quais ocorre uma mudança de toda a operação da empresa para outra localidade. Além disso, o investidor deve observar qual é o tempo de vencimento de cada um desses contratos de locação, para buscar mais elementos para sua análise.

Uma questão relevante para verificar a saúde financeira do fundo é questionar se o valor médio do aluguel cobrado pelo fundo imobiliário está coerente com o que vem sendo praticado na região do imóvel. Se o imóvel não tem uma qualidade diferenciada que faça com que esse valor de aluguel seja maior que o da vizinhança, é normal supor que o(s) inquilino(s) se mudem em algum momento, ou que algum tipo de renegociação contratual acarretaria a diminuição da rentabilidade mensal.

Vejamos o seguinte exemplo: determinado imóvel tem um aluguel relativamente alto, com vacância na região e alta chance de saída do locatário ou redução do preço do aluguel. Neste cenário, o investidor tem condições de analisar os fundos imobiliários mais adequados para o seu perfil, sendo aconselhável moderação nos riscos e uma boa diversificação.

Especificamente nesse veículo, em que os ativos são "reais" e a valorização ou desvalorização estão presentes no dia a dia, é importante para o investidor se atentar a valores patrimoniais depreciados pela avaliação do mercado. Se um setor está mais em voga que outro, é comum que alguns dos investidores migrem de ativos e as cotas desse fundo fiquem mais baratas. Porém, se as premissas desse fundo ainda forem iguais, sua qualidade enquanto bom ativo permanece, agora por um preço menor. De certo modo, não há problema se o investidor tem um fundo imobiliário "monoativo", isto é, com só um empreendimento. O problema é ter apenas esse fundo em sua carteira. Em qualquer tipo de veículo, a diversificação deve ser a regra.

Fundos de *Venture Capital* e de *Private Equity*

Nesta seção serão tratados os dois principais veículos ilíquidos disponíveis no mercado, que vêm ganhando cada vez mais relevância para os investidores e que constituem um importante canal de financiamento às empresas privadas.

Os fundos de *venture capital* captam recursos para investirem em *startups* e em empresas com baixo nível de maturação, mas com alto potencial de crescimento. Pelo nível de incerteza das empresas investidas, esse tipo de fundo possui uma dinâmica que associa alto risco e alto retorno.

ATIVOS FINANCEIROS — FORMAÇÃO DE PORTFÓLIO

Os fundos de *private equity* também são uma classe de alternativos ilíquidos, que investem diretamente em companhias com estágio de maturação mais avançados do que o das startups. Esses recursos vêm de investidores institucionais e de pessoas físicas, podendo ser utilizados pelo fundo para adquirir novas empresas ou reforçar a posição de investimento em empresas que já fazem parte do portfólio do fundo.

O ciclo de vida de uma empresa é como o de uma mangueira frondosa. Em sua fase inicial, a árvore tem um crescimento mais intenso; assim costuma ocorrer com as empresas, sendo esta a etapa de atuação dos fundos de *venture capital*: as empresas são de pequeno e médio porte e têm alto potencial de crescimento.

Em geral, as empresas investidas pelos fundos de *venture capital* são mais ligadas às inovações tecnológicas, com características normalmente associadas à necessidade de redução de algum tipo de ineficiência em determinado mercado. Alguns dos exemplos mais famosos de empresas que tiveram apoio de fundos de *venture capital* foram a Uber e o Airbnb. Embora tenham alto potencial de crescimento, acima de tudo são empresas em fase de desenvolvimento.

De volta à nossa mangueira, que agora já está bem constituída e dando frutos, é o momento de atuação dos fundos de *private equity*, que são destinados às empresas de maior porte. Esses fundos vão ao mercado buscar capital com o intuito de investir nessas empresas, para que possa tornar-se bem maior e produzir uma quantidade de frutas muito superior no mesmo espaço de tempo.

Os fundos de *private equity* já estão em um processo de desenvolvimento mais avançado, com mercado consolidado e players conhecidos, normalmente buscando uma consolidação em determinados setores, estando a um passo (ou poucos passos) da realização de um *IPO (Initial Public Offer)*, que é a abertura de capital. Os investidores que aportam recursos nos fundos de *private equity* têm como objetivo justamente colher os frutos da valorização dos ativos a partir da consolidação de mercado e da abertura de capital.

Vale ressaltar que o estágio de atuação dos fundos de *venture capital* é anterior à etapa de maturidade das empresas, o que gera mais incertezas e uma necessidade de o retorno esperado ser superior ao de uma empresa apoiada por um fundo de *private equity*.

A estratégia dos gestores dos fundos de *venture capital* também é diferente. Enquanto os gestores de fundos de *private equity*, de um modo geral, levantam uma quantidade grande de capital e investem em um determinado número de empresas que são mais maduras, com maior nível de previsibilidade, os fundos de *venture capital* apresentam um leque de possibilidades muito maior, e geralmente possuem uma quantidade maior de ativos, com um volume financeiro relativamente pequeno em cada uma delas.

Historicamente, nos fundos de *venture capital*, muitas empresas vão ficando pelo caminho ao longo do tempo. Estimativas apontam que cerca de um terço de todas as empresas apoiadas por fundos de *venture capital* é extinto, um terço consegue gerar uma rentabilidade alinhada ao mercado e o terço final proporciona um retorno extraordinário, entregando o retorno total esperado para um fundo com essas características. Assim, de modo geral, pode-se afirmar que os gestores dos fundos de *venture capital* diversificam muito mais as carteiras do que os gestores dos fundos de *private equity*.

Quando um investidor aloca parte de seus recursos em um fundo de *venture capital* ou de *private equity*, o horizonte de investimento torna-se crucial, na medida em que esses prazos giram em torno de dez anos; neste período, o investidor, a princípio, não terá acesso ao valor investido. Esse retorno do capital investido ocorre na medida em que esses gestores vendem as empresas investidas pelos fundos.

ATIVOS FINANCEIROS — FORMAÇÃO DE PORTFÓLIO

Vale a pena lembrar que, enquanto o capital estiver investido em cada uma dessas empresas, esses recursos tendem a não ficar em uma situação de dependência direta (correlação) do mercado como um todo, ou seja, um cenário de conjuntura macroeconômica positiva ou negativa não necessariamente indicaria uma correlação direta com o desempenho dos fundos e suas empresas investidas, sobretudo nos fundos de *venture capital*. Sendo assim, os projetos podem dar certo, mesmo em um ambiente geral não favorável, em função das especificidades de cada nicho de atuação e de cada empresa. Contudo, quando se observa o comportamento dos fundos de *private equity*, ao longo de sua trajetória é normal que o desempenho seja um pouco mais correlacionado com o mercado de renda variável, mas com um retorno esperado maior, uma vez que, apesar de estarem em um estágio de maturidade superior aos fundos de *venture capital*, ainda são empresas em estágio anterior ao da abertura de capital e precisam buscar entregar um retorno superior, para que faça sentido o risco mais alto e a ausência de liquidez por anos.

Mesmo considerando um perfil de investidor que tenha inclinação por esperar o horizonte de retorno de cerca de dez anos, recomenda-se um percentual muito pequeno (que não deveria superar os 2%) em cada um dos diferentes gestores disponíveis, seja de *private equity*, seja de *venture capital*, exatamente para que se tenha acesso a diferentes estratégias sem grandes concentrações de veículos que inegavelmente têm muito risco e pouca liquidez, mas para os quais o retorno dos bons gestores costumam mais do que compensar os dois pontos anteriores, face à rentabilidade bem acima da média das outras classes de ativos.

Se as estratégias de alocação nesses fundos forem bem-sucedidas, mesmo diante de poucas alocações, o alto retorno pode fazer a diferença no volume total da carteira. Se o investimento não for bem-sucedido, uma pequena alocação pode proteger o investidor de um impacto negativo maior em sua carteira. Esse perfil de alocação poderia ser ajustado conforme o aumento da propensão a risco do investidor, aliado a um comportamento disciplinado com horizontes de investimento de longo prazo, pois trata-se de um ativo alternativo e com liquidez zero.

As alocações nos fundos de *private equity* e *venture capital* têm se tornado mais populares a cada ano, sobretudo com o cenário da redução da taxa básica de juros, que tem forçado os investidores a buscar alternativas mais rentáveis. Quando a taxa de juros cai para um nível muito baixo, o que antes estava fora de cogitação pode parecer uma boa alternativa, desde que com bons gestores.

Se, por um lado, o mercado não dispõe de uma grande quantidade de gestores para fundos com esses perfis, de outro não há grandes disputas entre eles por boas empresas para receberem esses aportes. Essa escassez contribui para um processo de filtragem bastante significativa, de forma que os ativos pertencentes a tais fundos sejam de boa qualidade, detentores de projetos excepcionais, situados em mercados nos quais existam ineficiências a serem corrigidas. Mesmo assim, ressalta-se o elevado risco de ambos os veículos.

INVESTIMENTOS NO EXTERIOR

No exterior estão disponíveis os mesmos tipos de ativos do mercado brasileiro, como os fundos de renda fixa, multimercado, renda variável e alternativos. Mais importante do que os veículos ou as diversas instituições é compreender que o mercado internacional costuma ser bem descorrelacionado do cenário brasileiro, além de mais diversificado.

A descorrelação é um dos pilares fundamentais que foram abordados no início deste capítulo. Diante de ativos em moeda forte, pode vir

ATIVOS FINANCEIROS — FORMAÇÃO DE PORTFÓLIO

a acontecer que, em um cenário muito adverso, os investidores "corram" para a segurança, que fundamentalmente está atrelada aos títulos do governo norte-americano.

Quando o investidor tem uma parcela minoritária de sua alocação em um mercado internacional em um período de maior bonança, esse ativo internacional tende a ficar para trás, com perdas ou, eventualmente, uma valorização menor do que em economias emergentes. Enquanto isso, o restante da alocação terá uma boa performance como um todo, o que é positivo, pois em um período no qual a situação estiver desfavorável, a carteira será composta de ativos descorrelacionados da nossa carteira principal que tendem a sofrer menos.

É comum que investidores questionem se a compra direta de divisas estrangeiras não seria uma atitude naturalmente mais fácil em termos de segurança. Entende-se que não, porque as moedas fortes em si não trarão nenhuma remuneração. O retorno histórico do S&P 500 é de 8% ao ano; por sua vez, os títulos da dívida norte-americana com prazos mais longos geram um retorno próximo de 2% ao ano. Essas taxas de rentabilidade podem parecer pequenas, em um primeiro momento, mas em longo prazo podem contribuir para a posição de retorno favorável da carteira como um todo.

Recomenda-se que a alocação em moeda estrangeira, sobretudo o dólar, não seja feita de uma vez só, mas que ocorra ao longo do tempo, tendo em vista a volatilidade da moeda, de forma que a posição do investidor não fique estacionada, por exemplo, em um câmbio muito elevado; com o mecanismo de alocação ao longo do tempo, o investidor beneficia-se do conceito de taxa de câmbio média.

Uma recomendação a quase todos os perfis de investidor é que não há necessidade de aguardar posições exatas para tomar alocações. Por exemplo, se o investidor define como meta a compra de dólar quando o câmbio atingir R$5,00, não há problema que essa compra ocorra se o câmbio estiver a R$5,05. Essas pequenas variações marginais podem ser corrigidas ao longo do tempo, levando sempre em conta que o mercado financeiro é permeado de incertezas, fundado no controle de risco e na descorrelação, pilares importantes para a redução dos impactos causados pelas imprevisibilidades.

O outro ponto sobre os valores "redondos" é que eles também são o "preço-alvo" de muitos investidores. Por essa razão, muitas vezes observamos diversos ativos se aproximarem de uma marca exata específica e demorarem a rompê-la, ou simplesmente chegar perto, mas não conseguirem atingi-la. Isso ocorre exatamente pela excessiva quantidade de ordens nos valores "redondos", fazendo com que investidores mais experientes coloquem os valores marginalmente acima ou abaixo, passando à frente "da multidão".

PREVIDÊNCIA PRIVADA

A previdência privada não é uma classe de ativos, mas é um veículo fundamental para todo aquele que tem uma carteira de investimentos, embora alguns investidores não tenham "simpatia" pela previdência privada por terem ficado mais alocados do que deveriam ou em função de um histórico de retorno ruim.

Há poucos anos, salvo raras exceções, o mercado de previdência tinha a finalidade quase específica de evitar que o dinheiro entrasse em inventário, isto é, seria um recurso financeiro com melhor disponibilidade para os herdeiros. Dessa forma, o investidor aceitava ter um volume maior na previdência pagando uma taxa de administração elevada sem um retorno que fosse minimamente condizente com o mercado para remunerar em função do benefício sucessório. Hoje, a

ATIVOS FINANCEIROS — FORMAÇÃO DE PORTFÓLIO

previdência privada está caracterizada por uma grade de alternativas de investimentos bastante diversificadas: existem fundos 100% prefixados, fundos 100% renda variável, fundos que só compram NTN-Bs, com taxas de administração reduzida, além de fundos multimercado dentro da previdência etc. Essa diversidade de veículos e de classes de ativos possibilita ao investidor usar os benefícios da previdência privada tendo uma carteira altamente rentável e com uma perspectiva de retorno muito boa.

O benefício inicial dos fundos de previdência ainda é a vantagem de sua não inclusão nos processos de inventário, de forma que o investidor tem liberdade para escolher quem serão os herdeiros desses recursos antes de seu falecimento.

Outro benefício é de natureza tributária. O investidor que desejar realizar a migração de recursos entre fundos de previdência poderá fazê-lo sem precisar pagar imposto de renda em função dessa movimentação, além da isenção da alíquota "come cotas". Comparativamente, se realizarmos uma migração em outros ativos que não sejam os fundos de previdência, há a incidência da alíquota de até 22,5% de imposto de renda.

Os regimes de tributação nos fundos de previdência podem ocorrer de duas formas: (1) **regime progressivo ou compensável** e (2) **regime regressivo ou definitivo**. No caso do regime progressivo, em linhas gerais, para o investidor que tem uma renda baixa, pode até fazer sentido alocar na previdência nessa modalidade e, dependendo do nível de renda que esse investidor possua, haverá a incidência da alíquota de 15% quando ocorrer o resgate; se ocorrer um incremento de renda e, consequentemente, uma renda tributável um pouco mais alta, ele precisará recolher a alíquota de até 12,5% sobre essa diferença no ajuste de imposto de renda.

Se o investidor imagina que há uma boa chance de resgate antecipado do recurso aportado no fundo de previdência, recomenda-se que os fundos previdenciários não sejam considerados como opção de alocação. Para facilitar a ilustração da estratégia de alocação, o investidor deve considerar a previdência privada em horizonte de dez anos.

Quando se trata do regime regressivo, a análise assume outra característica, pois esse regime leva em conta a redução da carga tributária na medida em que transcorre o tempo. Como se observa pela tabela a seguir, a alíquota do imposto de renda vai sendo reduzida em cinco pontos percentuais a cada dois anos, começando com 35% para os resgates que venham a ocorrer até o segundo ano, caindo a uma alíquota de 10% para os resgates que ocorram após o décimo ano:

Tabela do imposto regressivo	
Prazo de aplicação	Alíquota
Inferior ou igual a 2 anos	35%
Maior que 2 anos, menor ou igual a 4	30%
Maior que 4 anos, menor ou igual a 6	25%
Maior que 6 anos, menor ou igual a 8	20%
Maior que 8 anos, menor ou igual a 10	15%
Superior a 10 anos	10%

Nesse modelo, o investidor pode se sentir bastante atraído a investir em fundos de previdência, a começar pelo acúmulo dos "juros sobre juros" ao longo de dez anos, com a possibilidade de migração do fundo A para o fundo B em busca de maior rentabilidade sem precisar pagar imposto, com o benefício final de incidência de uma alíquota de imposto de renda de 10%, em comparação com outros ativos que possuem alíquota de 15%, o que representa uma economia tributária significativa.

Ainda assim, não é recomendável alocar uma parcela substancial dos recursos em carteira nos fundos previdenciários; é preciso considerar que outros ativos também podem proporcionar uma rentabilidade mais atrativa, além da condição de que o resgate antecipado nos fundos de previdência pode gerar grandes penalidades tributárias. Conforme tudo o que vem sendo dito até aqui, o bom senso é fundamental sobre a alocação de recursos, seja referente aos fundos previdenciários, seja sobre qualquer outro ativo.

Os fundos de previdência possuem ainda uma subdivisão:

1. PGBL (Plano Gerador de Benefícios Livres)

2. VGBL (Vida Gerador de Benefícios Livres)

O PGBL é indicado para quem faz a Declaração Completa do Imposto de Renda, o que indica, de modo geral, uma renda bruta anual tributável a partir de R$130 mil. Nessas condições, a utilização do PGBL talvez seja um dos investimentos mais importantes para ser feito pelo investidor diante das vantagens dos fundos previdenciários, com uma única condição: carência de no mínimo quatro anos para qualquer movimentação desses recursos, pois é quando a alíquota cairia para 25%.

Em termos práticos, quando uma pessoa possui esse nível de renda bruta anual, é aconselhável que seja feito o recolhimento no limite superior, ou seja, até 12% da renda bruta tributável, porque 27,5% sobre o montante que for feito o aporte do PGBL retornará na forma de restituição de imposto de renda ou em redução do valor desse tributo a ser pago no ano subsequente.

Diferentemente do que ocorre com o VGBL, a alíquota de imposto de renda no PGBL no momento do resgate incide sobre o volume total do aporte, não somente sobre a valorização (rentabilidade).

Pensando no longo prazo do PGBL, imagine que, após os dez anos iniciais da aplicação, tenha ocorrido a restituição do imposto de renda de 27,5% (sobre o limite de 12% da renda tributada), tendo o investidor alocado esses recursos em um fundo PGBL adequado ao seu perfil de risco ao longo dos anos. Seu investimento terá uma rentabilidade parecida com a de fundos fora da previdência, sem come cotas e, principalmente, pagando uma alíquota de 10% no período, tendo o investidor percebido uma restituição de 27,5% no primeiro ano, quando da alocação inicial dos recursos na previdência.

Assim, sugere-se ao investidor que tenha por objetivo mínimo de investimento o volume necessário para alcançar a faixa dos 12% do PGBL, devendo atender primeiramente a renda bruta tributável. Já no caso do VGBL, não há esse benefício da restituição tributária; por isso, não se tem um limite de investimento, como os 12% do PGBL. Em compensação, os impostos no VGBL serão cobrados somente sobre a rentabilidade, em vez de incidirem sobre o valor total do montante aplicado e da rentabilidade, como ocorre no PGBL.

PERFIL DOS INVESTIDORES E ALOCAÇÃO DE CARTEIRA

Cada instituição desenvolve suas recomendações com base em diferentes dinâmicas de alocações, considerando perfis variados de risco e de ativos, além de estarem constantemente rebalanceando cada um dos percentuais de alocação.

O ideal é que cada investidor busque desenvolver o seu próprio perfil de risco, criando um compromisso com essas características ao longo de determinado período. Crises sempre ocorrerão e, por mais duras que sejam, o investidor, ciente de seu perfil, poderá se posicionar de maneira mais confortável em um nível de risco escolhido.

Como foi dito anteriormente, as pessoas não são avessas ao risco, são avessas às perdas. Disciplina de longo prazo, diversificação, ausên-

ATIVOS FINANCEIROS — FORMAÇÃO DE PORTFÓLIO

cia de concentração excessiva em determinado ativo e descorrelação são elementos essenciais em qualquer nível de risco.

O investidor também precisa estar atento às "janelas" de observação dos investimentos, sobretudo às ruins, que podem induzir a uma antecipação de um resgate, fora do prazo previamente estabelecido. Normalmente, em um período de dois anos é possível verificar a trajetória do fundo e suas ações mediante a economia "atual", o que não isenta o investidor de acompanhar a evolução constante dos acontecimentos do mercado.

Podemos pensar nos investimentos como o consumo de vinho. Não necessariamente os rótulos mais caros podem ser preferíveis aos de preço mais acessível, já que o gosto de quem degustará o vinho é muito importante. O passo inicial para consumir a bebida corretamente é entender que tipo de uva agrada mais ao seu paladar. Muitas pessoas que buscam esse conhecimento por meio de um curso, por exemplo, aprendem a identificar quais delas que se adequam mais ao seu gosto e, assim, quando chegam a uma loja de vinhos, conseguem conversar de forma mais objetiva com o vendedor ou com o sommelier, escutar melhor suas recomendações e fazer a compra do rótulo certo.

Da mesma forma, ter um conhecimento básico para que se possa entender o funcionamento e a dinâmica de determinadas classes de ativos é recomendável para ter mais segurança sobre os investimentos. De forma isolada, os ativos não possuem complexidade de entendimento. Todavia, quando precisam ser compreendidos em um contexto agregado, o nível de exigência pode aumentar consideravelmente.

Se o investidor for capaz de expressar, com base em sua experiência e conhecimento, os tipos de ativos que mais lhe agradam para o gerente, o *advisor* ou o consultor, o trabalho de montagem da carteira será bastante facilitado, pulando a etapa da experiência com um ativo A, B ou C.

CONQUISTANDO SEU FUTURO FINANCEIRO

Por todo este capítulo não apresentamos, nem sugerimos, percentuais fixos sobre o perfil de cada investidor, pois acreditamos que essa construção é como se fosse a de uma casa feita ao gosto de cada morador, não são imóveis prontos e anteriormente decididos pelo engenheiro ou arquiteto; não obstante, não podemos deixar de mostrar um quadro progressivo de alocações com os perfis conservado, moderado, arrojado e agressivo.

Como é fácil de notar, os perfis variam em função de uma concentração maior em determinados ativos menos instáveis, evoluindo para uma composição mais instável, no entanto, por isso mesmo, está sujeita a uma maior rentabilidade no longo prazo. Desta forma, a tabela seguinte não é uma recomendação, mas apenas uma forma de mostrar a evolução de perfis diferentes.

Classe de Ativos	Conservador	Moderado	Arrojado	Agressivo
Renda Fixa	**100,0%**	**65,0%**	**38,0%**	**22,0%**
Pós-fixado	100,0%	45,0%	14,0%	3,0%
Prefixado	-	10,0%	12,0%	5,0%
Juro Real	-	10,0%	12,0%	14,0%
Multimercados	-	**10,0%**	**12,0%**	**10,0%**
Renda Variável	-	**6,0%**	**10,0%**	**16,0%**
Alternativos Líquidos	-	**4,0%**	**6,0%**	**6,0%**
Fundos Imobiliários	-	4,0%	6,0%	6,0%
Alternativos Ilíquidos	-	-	**4,0%**	**6,0%**
Private Equity	-	-	3,0%	4,5%
Venture Capital	-	-	1,0%	1,5%
Internacional	-	**15,0%**	**30,0%**	**40,0%**
Total	**100%**	**100%**	**100%**	**100%**

Conclusão

ADVERTÊNCIAS

Neste guia passamos por várias etapas, começando por como entender a conjuntura do Brasil e como analisá-la, já que é o cenário onde vive o planejador financeiro pessoal.

Passamos a discorrer sobre a conjuntura econômica e algumas noções gerais, a importância da preparação e o acompanhamento do orçamento pessoal; apresentamos uma discussão sobre imóveis (próprios, alugados ou como investimento); expusemos considerações sobre um negócio próprio (existente ou a ser desenvolvido); e finalizamos com uma explicação sobre ativos financeiros e as opções de formação de um portfólio pessoal.

Por fim, organizamos um anexo sobre matemática financeira, para quem se aventura a fazer confirmações por conta própria, caso a caso.

Como todo assunto de economia e finanças está sujeito à anedota clássica, junte dois economistas debatendo um tema e teremos três opiniões diferentes. É com esse espírito que preparamos este livro, na certeza de que não há, nem em planejamento financeiro pessoal, nem na escolha de ativos financeiros e na formação de portfólios, uma opinião certa, mas diversas opções, quase sempre contraditórias.

Portanto, o "último capítulo" deverá ser escrito pelo leitor que conseguiu chegar até aqui, pois sua própria experiência, aprendendo, caindo e levantando, é que complementará a vivência e confirmará se conseguimos ajudá-lo em sua orientação.

Anexo

MATEMÁTICA FINANCEIRA

por Ary Vieira Barradas

INTRODUÇÃO

O mercado financeiro no mundo atual exige o conhecimento de instrumentos e ferramentas de cálculos que são essenciais para a tomada de decisões e a gestão das finanças das empresas e das pessoas. Há diversas formas de usar esses conhecimentos, uma delas é aplicando os conceitos básicos da matemática financeira. Podemos afirmar, portanto, que a matemática financeira é um conjunto de técnicas e formulações teóricas cujo objetivo principal é mostrar como se pode acompanhar a variação do dinheiro no tempo. Atualmente, suas ferramentas são fundamentais e basilares para a análise, gestão e tomadas de decisões sobre investimentos e negócios.

Nos anexos ao final do texto serão encontradas as demonstrações das fórmulas utilizadas no desenvolvimento da teoria, assim como as ferramentas básicas da HP12C e do Excel usadas nos cálculos feitos nos exemplos.

Há operações nas instituições financeiras bancárias que são constituídas por captações de recursos por meio de títulos oferecidas às pessoas físicas e jurídicas, o que posteriormente permite que a instituição realize empréstimos aos seus clientes, nas chamadas operações ativas de mercado. Nessas operações de captação e formas de empréstimos dos vários títulos, os índices e taxas são utilizados na sua precificação conforme normas estabelecidas pelo Banco Central. As principais taxas e títulos do mercado são as que seguem.

Taxas e características dos títulos bancários

Taxa de Referência (TR)

Foi criada em 1991 com o objetivo de controlar a inflação e servir de referência para a economia brasileira. Hoje, a utilização da TR está voltada para o reajuste de aplicações financeiras, como a poupança, os financiamentos imobiliários, o FGTS, os títulos de capitalização e demais títulos do mercado financeiro.

Taxa Básica Financeira (TBF)

Criada pela Resolução nº 2.171 de 30/06/95 do CMN, teve como principal finalidade referenciar os investidores na indução do alongamento das dívidas e dos prazos de suas aplicações de renda fixa e também servir de base para o cálculo da TR. A TBF é utilizada como projeção ou estimativa das taxas de juros futuras para trinta dias, e é obtida pela média ponderada das médias igualmente ponderadas pelo volume de negócios dos trinta maiores grupos financeiros do país.

A TBF serve como balizadora no curto prazo para as decisões domésticas e comerciais, apontando o que fazer diante de dúvida, se convém tomar empréstimo para adquirir algum bem necessário ou se é melhor esperar mais um pouco, e assim por diante.

Conforme Resolução em 2018, o Banco Central alterou as normas relativas à metodologia de cálculo da TBF e da TR. Determinou que ambas serão calculadas a partir de taxas de juros negociadas no mercado secundário com Letras do Tesouro Nacional (LTN) e serão divulgadas a cada dia útil.

Taxa Selic

A taxa Selic é a taxa básica da economia brasileira, criada e administrada pelo Comitê de Política Monetária (COPOM), órgão normativo diretamente subordinado ao Presidente do Banco Central que usa o Índice de Preços ao Consumidor Amplo (IPCA), o qual é calculado pelo IBGE, para estabelecer as metas nas variações dos preços. A taxa Selic é a que precifica os valores das taxas do mercado e é utilizada para financiar os títulos do Governo Federal que estão Custodiados no Sistema Especial de Liquidação e Custódia (Selic), do Banco Central. Serve de balizadora para as instituições que operam esses papéis e, como dito anteriormente, é a referência para todas as operações no mercado financeiro.

Taxa de Juros de Longo Prazo (TJLP) e Taxa de Longo Prazo (TLP)

Estabelecida em dezembro de 1994, essa taxa está diretamente relacionada aos processos de alongamento e desindexação que vieram na esteira do Plano Real, de julho do mesmo ano.

A TJLP foi criada quase que exclusivamente para suprir o BNDES de fundos no financiamento de projetos de instalação, ampliação e construção industriais, além de outras atividades de prazos longos e custos compatíveis com o empreendimento a partir da Agência Especial de Financiamento Industrial, que incorpora o Fundo de Financiamento para Aquisição de Máquinas e Equipamentos Industriais (FINAME), criado pelo Decreto nº 55.275, de 22 de dezembro de 1964.

Criada em 2017, a TLP veio a substituir a TJLP para operações novas e tem como base a valorização da Nota do Tesouro Nacional tipo B (NTN-B), que é remunerada pelo IPCA, mais uma taxa de juros de mercado.

Caderneta de poupança

É o instrumento de captação de recursos exclusivo dos bancos múltiplos com carteira imobiliária, das sociedades de crédito imobiliário, das associações de poupança e empréstimo e das caixas econômicas, que constituem o chamado Sistema Brasileiro de Poupança e Empréstimo (SBPE).

A captação dos seus recursos é feita por meio da caderneta de poupança, cujo rendimento dado pela TR, acrescido de juros nominais de 6% a.a, o que nos dá um fator de capitalização para os juros de 1,005 (0,50% a.m) a cada período mensal. No caso da caderneta de poupança, o período mensal não significa trinta dias, nem para a aplicação do fator dos juros nem para o fator da TR. O que se conta é o dia da aplicação — dia do aniversário mensal — de um mês para o seguinte.

Certificado de Depósito Bancário (CDB) e Recibos de Depósito Bancário (RDB)

O Certificado de Depósito Bancário (CDB) e o Recibo de Depósito Bancário (RDB) são os instrumentos mais usados pelos bancos (comerciais, de investimento e múltiplos) e caixas econômicas na captação de recursos (*funding*) de pessoas físicas e jurídicas não financeiras. O depósito é feito a prazo determinado e a rentabilidade pode ser pré ou pós-fixada. A diferença que há entre ambos é que o CDB pode ser negociado antes do seu vencimento e o RDB, não. O titular tem que permanecer com o RDB até o resgate. Em caso particular, os RDBs podem ser dissolvidos em comum acordo com a instituição financeira, mas apenas o principal é devolvido ao investidor.

São os títulos de emissão mais antigos das instituições financeiras, e também os mais utilizados no mercado. São conhecidos como depósitos a prazo e são emitidos sem prazo mínimo para resgate. Os

CDB/RDBs são tributados pelo imposto de renda na fonte (20%) e pelo imposto sobre operações financeiras (IOF) regressivo para prazos inferiores a trinta dias.

Certificado de Depósito Interbancário (CDI)

É o instrumento destinado a possibilitar a troca de recursos exclusivamente entre os bancos. A forma do CDI é nominativa, escritural, com registro e liquidação obrigatórios na Central de Custódia e Liquidação de Títulos Privados (CETIP). Normalmente, as operações são negociadas por apenas um dia, podendo se prorrogarem para dois ou três. A taxa do CDI tem como característica acompanhar de perto a variação da taxa Selic, a taxa básica de juros do país. Os CDIs negociados por um dia consistem em um padrão de taxa média diária, o CDI over.

Os dias úteis são aqueles em que os bancos funcionam pelo menos em uma cidade do país, portanto, quando não é feriado nacional (não contam feriados estaduais ou municipais), nem sábado ou domingo.

A partir de 1998, a expressão taxa over passou a ser calculada em base anual com 252 dias úteis em regime de juros compostos. Atualmente, a taxa over mensal ainda é utilizada em algumas operações financeiras.

No texto faremos a convenção para o uso das duas taxas da seguinte forma:

- Taxa over mensal: são calculadas linearmente (juros simples), com base em trinta dias corridos (dc).

- Taxa over anual: é formada por juros compostos, com base em 252 dias úteis (du).

Letra de Câmbio (LC)

A LC é o instrumento emitido (denominado saque) pelas Sociedades de Crédito, Financiamento e Investimento (SCFI) (que é o sacador) junto ao público constituído de pessoas físicas ou jurídicas (sacado). É emitida sempre com base em uma operação comercial de venda de bens e/ou serviços para recebimento a prazo.

Hot Money

O Hot Money ("dinheiro quente", em português) é um empréstimo tomado com a rede bancária por grandes empresas bem posicionadas no mercado e por algumas pequenas e médias reconhecidamente sólidas e bem equilibradas para cobrir momentâneos desequilíbrios de caixa por períodos muito curtos, variando de um a cinco dias, no máximo. Trata-se de operação típica de bancos comerciais e de investimento.

Como sabido, em toda operação de crédito realizada por instituição financeira com cliente pessoa física ou pessoa jurídica não financeira, é cobrado o IOF.

Crédito Direto ao Consumidor (CDC) e Crédito Pessoal (CP)

As operações de CDC e de CP são exclusivas dos agentes financeiros no empréstimo às pessoas físicas.

Conceitos básicos e definições

- **Valor presente** — é o capital inicial aplicado em uma determinada data, expresso em moeda disponível para gastos ou investimentos e será simbolizado por "$", significando qualquer moeda ou unidade monetária. O valor presente será representado por **VP** ou **PV** (*present value*).

- **Tempo ou prazo da aplicação** — é o período de tempo em que a aplicação foi feita e que será expresso em uma unidade de tempo (dia, mês, bimestre, trimestre, semestre, ano). Será representado pela letra N. Em nossa obra, usaremos o ano comercial com 360 dias, e o ano civil terá 365 dias.

- **Juros** — é o rendimento resultante da aplicação do capital inicial (PV) durante um certo tempo (N), o prazo da aplicação. A representação será feita pela letra J.

- **Valor futuro** — é o valor a ser recebido ao final da aplicação de um certo valor (PV), feita durante um certo prazo (N). Ou ainda, é o valor capitalizado ou montante obtido na aplicação, que será representado por **VF** ou **FV** (*future value*).

- **Taxa de juros** — a taxa de juros utilizada no prazo (N) de uma aplicação é o quociente resultante da divisão dos juros ou rendimentos (J) pela aplicação inicial (PV). Será representado pela letra (i) (*interest rate*).

$$i = \frac{J\,(rendimento)}{VP\,(aplicação)} \implies J = VP \cdot i$$

A taxa de juros sempre será considerada em um certo **período (m)**, que pode ser:

a.d. – ao dia	a.m. – ao mês	a.b. – ao bimestre
a.t. – ao trimestre	a.s. – ao semestre	a.a. – ao ano

Ela pode ser também escrita na forma percentual ou na forma unitária. Na forma percentual, a taxa de juros tem a representação fracionária com denominador 100, ou seja:

MATEMÁTICA FINANCEIRA

$$\text{Ex.: } 12\% \text{ ao ano} = \frac{12}{100} \text{ ao ano}$$

Na forma unitária a taxa de juros é representada com denominador unitário, igual a 1.

$$\text{Ex.: } 12\% \text{ ao ano} = \frac{12}{100} = 0,12 \text{ ao ano}$$

Estudaremos aqui apenas os Regimes de Juros Simples e Regimes de Juros Compostos, nos quais as capitalizações serão periódicas e feitas em períodos iguais ao período (m) da taxa. A capitalização é a incorporação dos juros ao valor principal do capital obtido na aplicação.

Observação:

1. No Anexo 4, ao final do texto, apresentamos o roteiro resumido do uso da HP12C.

2. Na solução dos exemplos em regime de juros simples usaremos a HP12C para os cálculos sem o uso das teclas da primeira linha.

3. Em regime de juros compostos usaremos as teclas que estão na primeira linha da HP12C, que são n, i, PV, PMT e FV. Faremos também a ativação do "C" na tela, significando o seu uso em regime de juros compostos. Para tal, apertamos as teclas (STO) (EEX) e, para desativar o "C", repetimos (STO) (EEX).

4. Nas soluções dos exemplos do Capítulo 3 — Juros Compostos — observaremos os seguintes casos:

   a. Se "n" é número inteiro, ativando ou não o "C", os valores obtidos são os mesmos.

b. Se n é fracionário e n>1, ativando o "C", encontraremos um valor, e, se não ativarmos o "C", outro valor. Isso porque na parte fracionária de "n" com o "C" ativado os cálculos são feitos em regime de juros compostos tanto na parte inteira como na parte fracionária, enquanto, se tivermos o "C" desativado, na parte inteira os cálculos são feitos com juros compostos e, na parte fracionária, com juros simples.

JUROS SIMPLES

Conceito

Quando o regime é de capitalização simples, os juros obtidos segundo certa taxa *i* de período *m* são calculados sempre sobre o valor inicial *PV* da aplicação *VP* feita durante um certo tempo *N*. Sendo assim, o valor futuro da aplicação será dado pela fórmula:

Fórmula geral

$$FV = PV \cdot (1 + n \cdot i)^{(*)}$$

Consequências no regime de juros simples:

(I) os valores do capital obtido com a aplicação têm crescimento linear.

(II) o capital aplicado cresce segundo uma Progressão Aritmética (PA).

Observação: As demonstrações de (*) e das consequências (I) e (II) estão no Anexo 1.

MATEMÁTICA FINANCEIRA

Exemplo 1

Adquiri uma LC no valor de $10.000,00 com o banco A para pagar no prazo de 1 ano, 3 meses e 15 dias. Se o banco cobra de taxa de juros linear de 12% ao ano pela emissão da LC a juros simples:

1. Quanto receberei no momento da aquisição?

2. Quanto pagarei de juros ao fim do prazo?

Dados: $PV = 10.000$; $N = 1$ ano, 3 meses e 15 dias = 465 dias; $m = 1$ ano = 360 dias; $i = 12\%$ a.a. $FV = ?$

$$n = \frac{N}{m} = \frac{465}{360} = 1,29$$

Solução:

a) $FV = PV\,(1 + i \cdot n)$

$$FV = 10.000 \cdot (1 + 0,12 \cdot \frac{465}{360}) = 10.000 \cdot (1 + 0,155) = \$11.550,00$$

b) Juros $= FV - PV = 11.550 - 10.000 = \$1.550,00$

Exemplo 2

Por ser excelente cliente, o banco A, em 13/03/2020, me ofereceu CDBs com vencimento em 06/07/2020, no regime de juros simples. Recebi $45.000,00 para devolver $51.000,00 no final do período. Qual a taxa mensal de juros praticada pelo banco?

Solução:

Dados: $FV = 51.000$; $PV = 45.000$; $n = ?$

Cálculo do nº de dias do período.

Utilizando a HP12C:

f 6	6 casas decimais
g D.MY	Dia, mês, ano
13.032020	13.032021
06.072020	06.072021
ENTER	
g ΔDYS	
115	

n = 115 dias

Pela fórmula, temos que:

$$i = \frac{FV - VP}{VP \cdot n} = \frac{51.000 - 45.000}{41.000 \cdot 115} = 0,001273 = 0,13\% \text{ a.d.}$$

Taxa aplicada = 0,13 · 30 = 3,82 ao mês

Exemplo 3

Fiz um empréstimo usando CDC no valor de \$1.000,00 para pagar \$1.900,00 daqui a 36 meses. Qual a rentabilidade semestral no regime de juros simples?

Solução:

Dados: VP = 1.000; FV = 1.500; N = 36 meses; i = ?

m - Período da taxa = semestral

$$n = \frac{N}{m} = \frac{36}{6} = 6 \text{ semestres}$$

$$FV = PV (1 + i \cdot n)$$

Teremos então:

$$1.900 = 1.000 \cdot (1 + 6 \cdot i)$$

$$1,9 - 1 = 6i$$

$$i = \frac{0,9}{6} = 0,15 = 15\% \text{ a.s.}$$

MATEMÁTICA FINANCEIRA

Exemplo 4

Pretendo depositar hoje uma determinada quantia em uma instituição financeira para ter o direito de retirar \$10.000,00 daqui a 3 meses. Caso fosse daqui a 6 meses, quanto seria? Sabendo que a instituição remunera os depósitos a uma taxa de 2% a.m., a juros simples, determine o valor que devo depositar para garantir as retiradas desejadas.

Solução:

1ª parte:

Dados: $FV = 10.000$; $i = 2\%$ a.m.; $n = 3$

$$PV = \frac{FV}{(1 + i \cdot n)}$$

$$VP = \frac{10.000}{(1 + 0,02 \cdot 3)} = \frac{10.000}{1,06} = 9.433,96$$

2ª parte:

Dados: $FV = 10.000$; $i = 2\%$ a.m.; $n = 6$

Exemplo 5

Desejo triplicar o valor que tenho hoje ao investir em uma instituição financeira. Quanto tempo terei que esperar, já que a instituição paga uma taxa de juros de 2% ao mês?

Dados: $i = 2\%$ a.m.; $N = ?$; $FV = 3 \cdot PV$

Solução:

$$n = \frac{N}{m} = \frac{N}{1} = N = ?$$

$$FV = PV (1 + i \cdot n)$$

$3 \cdot PV = PV(1 + N \cdot 0,02)$

$3 = (1 + N \cdot 0,02)$

$N = 100$ meses

Exemplo 6

Apliquei $20.000,00 que me renderam $5.000 de juros lineares (juros simples) em 6 meses. Qual foi a taxa anual de remuneração?

Solução:

$J = VP \cdot i \cdot n$

$$5.000 = 20.000 \cdot \left(\frac{i}{(12)}\right) \cdot 6$$

$$i = \frac{5.000}{20.000} \cdot 2 = 0,5$$

$i = 50\%$ ao ano

Exemplo 7

Obtive $6.400,00 ao final de uma aplicação. Os juros no período totalizaram $2.400,00 e a taxa de juros simples foi igual 120% a.a. Quantos meses durou a aplicação?

Solução:

Sendo i a taxa mensal, teremos.

$$i = \frac{1,2}{12} = 0,1$$

Cálculo de n>

$$2.400 = PV \cdot i \cdot n = \frac{FV}{(1 + i \cdot n)} \cdot i \cdot n = \frac{FV \cdot i \cdot n}{(1 + i \cdot n)} = \frac{6.400 \cdot 0,1 \cdot n}{(1 + 0,1 \cdot 1)}$$

Logo, $n = 6$ meses

MATEMÁTICA FINANCEIRA

Aplicações complementares

1. Um capital de $15.000,00 foi aplicado durante 4 meses, gerando um montante de $13.540,00. Qual a taxa de juros no período?

2. Uma aplicação de $800,00 feita hoje em um banco proporcionou $1.000,00 em um ano. Qual a taxa anual de juros paga pelo banco?

3. Uma aplicação de $900,00 feita hoje em um banco proporcionou $1.100,00 em 3 anos. Qual a taxa anual de juros paga pelo banco?

4. Uma pessoa aplicou dois capitais a juros simples em dois bancos diferentes, no primeiro a 28% ao ano e no segundo a 35% ao ano. Se o rendimento de ambas as aplicações totalizou $52.500,00 no prazo de um ano, como determinar o valor dos capitais, sabendo que o primeiro é 37,5% menor que o segundo?

5. Em quantos meses um capital de $35.000,00 aplicado à taxa de juros simples de 26% a.a. produz um montante de $42.000,00?

6. Determine o rendimento de um capital de $8.000,00 aplicado desde o dia 4 de abril até o dia 13 de julho do ano corrente. A taxa de juros simples inicialmente contratada foi de 2% a.m., mas posteriormente caiu para 1,5% a.m. no dia 16 de abril e para 1,3% a.m. no dia 16 de junho.

JUROS COMPOSTOS

Conceito

No regime de juros compostos, os juros obtidos em cada período são acrescidos ao capital do período anterior para o cálculo dos juros no período seguinte. Ou seja, os juros gerados pela aplicação são acrescidos a ela para cálculo dos juros no período seguinte. Desta forma, eles são também capitalizados e então teremos cálculos de juros sobre juros. Sendo assim, o valor futuro VF, montante de uma aplicação inicial VP segundo uma taxa i com período m, aplicado em um certo tempo N, será igual a:

Fórmula geral

$$VF = VP \cdot (1 + i)^n \quad (**)$$

Consequências no regime de juros compostos

(I) o crescimento do capital obtido na aplicação de um valor inicial VP se dá na forma exponencial.

(II) o capital aplicado cresce segundo uma PG (progressão geométrica).

Observação: As demonstrações de (**) e das consequências (I) e (II) estão no ANEXO 1.

a) Na fórmula (**) o fator $(1 + i)^n$ é chamado fator de atualização do valor presente VP.

b) O valor $(1 + i)$ é o índice da taxa na base = 1.

MATEMÁTICA FINANCEIRA

Exemplo 1

Aplicarei em uma instituição financeira o valor de $100,00 a juros compostos de 10% ao bimestre, capitalizado bimestralmente, durante 8 meses. Como se dará a capitalização do meu investimento?

Dados: PV - 100,00; FV = ?; i = 10% a.b.; N = 8 meses = 4 bimestres; $n = N = 4$

Como o período de capitalização é semestral e a taxa de juros é ao bimestre, e o tempo também é medido em bimestres; estando, portanto, todos os dados na mesma unidade de tempo, precisamos apenas fazer os cálculos.

Cálculo dos valores ao longo do período

Bimestre	PV	Juros Bimensais	FV
1	100,00	10% · 100,00 = 10,00	110,00
2	110,00	10% · 110,00 = 11,00	121,00
3	121,00	10% · 121,00 = 12,10	133,10
4	133,10	10% · 133,10 = 13,31	146,41

Solução:

Pela fórmula: $FV = PV(1 + i)^n$

Dados: $FV = 100,00 \cdot (1 + 0,1)^4 = 100,00 \cdot 1,46 = 146,41$

Utilizando a HP12C:

STO EEX	"C" ativado
100	CHS PV
10	i
4	n
FV	146,41

Exemplo 2

Fiz um investimento de $18.000,00 na caderneta de poupança esperando ganhar a rentabilidade efetiva de 3% a.a. em regime de juros compostos. Caso tal rentabilidade ocorra, qual será o valor dos juros que eu receberei ao fim de 30 meses?

Solução:

Dados: VP = 18.000; i = 3% a.a.; N = 30 meses; m = 1 ano; Juros = ?

$$n = \frac{N}{m} = \frac{30}{12} = 2,5$$

$$VF = VP\,(1 + i)^n$$

$$FV = 18.000 \cdot (1 + 0,03)^{2,5} = 18.000 \cdot 1,08 = 19.380,53$$

$$\text{Juros} = 19.380,53 - 18.000,00 = 1.380,53$$

Utilizando a HP12C:

STO EEX	"C" ativado
18000	CHS PV
3 i	i
2,5	n
FV	19.380,53
RECL PV	-18000
+	1.380,53

STO EEX	"C" desativado
18000	CHS PV
3i	i
2,5	n
FV	19.382,64
RECL PV	-18000
+	1.382,64

Observe que n > 1, por isso os valores diferentes para FV.

Exemplo 3

Minha conta de luz no valor de $145,90 venceu no dia 5/02/2020 e foi paga somente em 29/06/2020. Se a empresa fornecedora A cobra $1,20 de juros sobre o valor da conta por dia de atraso em regime de juros compostos:

a) Qual a taxa mensal cobrada pela empresa por dia de atraso?

b) Quanto pagarei de juros no ato do pagamento?

Solução:

Primeiramente calcularemos o número de dias de atraso:

Utilizando a HP12C:

f 6	6 casas decimais
g D.MY	Dia,mês,ano
5.022020	5.022021
ENTER	
29.062020	
g ΔDYS	
145	

a) Taxa por dia de atraso.

$$1,20 = i\% \cdot 145,90, \text{ ou seja, } i\% = \frac{1,20}{145,90} = 0,0083 = 0,83\% \text{ } ao \text{ } dia$$

Cálculo da taxa mensal:

Consideraremos 1 mês = 30 dias

Sabemos que $(1 + i_m) = (1 + i_d)^{30}$, portanto, teremos:

$i_m = (1 + 0,0083)^{30} - 1 = 28,14\%$ ao mês.

Exemplo 4

Aplicarei o valor de $7.500,00 na compra de RDBs, cuja taxa de remuneração efetiva é de 1,8% ao ano em regime de juros compostos e juros simples. Quanto receberei nos seguintes prazos?

a) 8 meses.

b) 1 ano e 3 meses.

Considere: 1 ano = 12 meses e 1 mês = 30 dias

CONQUISTANDO SEU FUTURO FINANCEIRO

Solução:

Dados: PV = 7.500; i = 1,8 % a.a.

Faremos os cálculos usando a fórmula geral e os juros compostos na calculadora financeira. No caso de juros simples, apenas utilizaremos a HP12C.

Com juros compostos, teremos:

a) N = 8 meses; i = 1,8% a.a.; 1 ano = 12 meses

Teremos: $n = \dfrac{N}{m} = \dfrac{8}{12} = 0,67 < 1$

$VF = VP\,(1 + i)^n$

FV = 7.500 $\cdot$ $(1 + 0,018)^{0,067}$ = 7.500.000 $\cdot$ 1,0012= 7.590,18

Em regime de juros simples teremos: \$7.590,45

b) N = 8 meses

Utilizando a HP12C:

HP12C	
"C" ativado	
STO EEX	
7500 CHS PV	
1,8 i	
0,67 n	
FV	7590,18

HP12C	
"C" desativado	
7500	CHS PV
1,8 i	i
0,67 n	n
FV	7590,45

Observe que, no caso de juros simples ("C" – desativado), o valor de FV (\$7.590,45) é maior que no regime de juros compostos (\$7.590,18).

a) N = 1 ano e 3 meses = 15 m = 15 . 30 = 450 dias; i = 1,8% a.a.; 1 ano = 360 dias

Teremos: $n = \dfrac{N}{m} = \dfrac{450}{360} = 1,250 > 1$

MATEMÁTICA FINANCEIRA

b) N = 1 ano e 3 meses = 450 dias

Utilizando a HP12C:

STO EEX	"C" ativado
7500	CHS PV
1,8	i
1,25	n
FV	7.669,13

STO EEX	"C" desativado
7500	CHS PV
1,8	i
1,25	n
FV	7.669,36

Em regime de juros simples o valor será: $7.779,36.

Observemos que o valor de FV no caso n > 1 no regime de juros compostos ("C" ativado), $7.669,13, é menor que o valor de FV ("C" desativado), como era de se esperar, ou seja: FV = 7.669,36.

Exemplo 5

Fiz um investimento de $5.000,00 na aquisição de CDBs esperando ganhar a rentabilidade efetiva de 4% a.a., capitalizado anualmente com juros compostos. Caso tal rentabilidade ocorra, qual será o valor dos juros que eu receberei ao fim de 30 meses?

Solução:

Dados: VP = 5.000; i = 4% a.a.; N = 30 meses; 1 ano = 12 meses; VF = ?

Cálculo de n:

$$n = \frac{N}{m} = \frac{30}{12} = 2,5$$

Pela fórmula:

$FV = PV (1 + i)^n$

$FV = 5.000 \cdot (1 + 0,04)^{2,5} = 5.000 \cdot 1,1030 = 5.515,10$

Juros = 5.515,10 − 5.000,00 = 515,10

Utilizando a HP12C:

STO EEX	"C" ativado
5.000	CHS PV
4	i
2,5	n
FV	5.515,10
RCL PV	5.000
+	515,10

STO EEX	"C" desativado
5.000	CHS PV
4	i
2,5	n
FV	5.516,16
RCL PV	-5.000
+	516,10

Valor dos juros no regime de juros compostos = 515,10

Valor dos juros no regime de juros compostos = 516,10

Exemplo 6

Fiz um investimento de um determinado valor na intenção de receber $12.000,00 daqui a 8 meses. A taxa de rentabilidade do investimento é 3,6% a.m. em regime de juros compostos. Qual foi o valor aplicado?

Solução:

Dados: FV = 12.000; n = 8 meses; i = 3,6% a.m. = 0,036; PV = ?

Pela fórmula:

$$VP = \left(\frac{VF}{(1 + i)^n}\right) = \left(\frac{12.000}{(1 + 0,036)^8}\right) = 9.042,81$$

Na HP12C teremos:

STO EEX	"C" ativado
12.000	CHS FV
3,6	i
8	n
PV	9.042,81

STO EEX	"C" desativado
12.000	CHS FV
3,6	i
8	n
PV	9.042,81

Sempre que *n* for um número inteiro na HP12C, os valores de *PV* serão iguais com o "C" ativado e também com o "C" desativado. No exemplo, *n* = 8.

Exemplo 7

Fiz o saque de uma LC no valor de $8.500,00 para pagar uma em 190 dias. A taxa de remuneração exigida pelo sacador é de 5% ao ano no regime de juros compostos. Quanto receberei no ato da compra?

Considere o ano comercial = 360 dias

Solução:

a) Dados: *PV* = 8.500; *N* = 80 dias; *i* = 5% a.a.

Pela fórmula:

$$n = \frac{N}{m} = \frac{80}{360} = 0,22 < 1$$

Utilizando a HP12C:

STO EEX	"C" ativado
8.500	CHS FV
5	i
0,22	n
PV	8.409,25

STO EEX	"C" desativado
8.500	CHS FV
5	i
0,22	n
PV	8.407,52

Aplicações complementares

1. Determine qual valor um banco comercial antecipará hoje a um cliente, com deságio, pela compra de um contrato de câmbio no valor total de R$35.000,00 com vencimento para daqui a 3 anos. A taxa de juros praticada pelo banco atualmente é de 5% ao semestre para regime de juros compostos.

2. Em quanto tempo o rendimento gerado por um capital iguala-se ao próprio capital, aplicando a taxa efetiva de 6% ao mês em regime de juros compostos?

3. Uma aplicação de $15.000,00 em CDB rendeu juros efetivos de $5.100,00 em cinco meses. Qual seria o rendimento da mesma aplicação no prazo de 11 meses?

4. O banco A oferece uma rentabilidade efetiva de 30% a.a. em um certo prazo. Considerando que o investidor tem condições de ganhar juros efetivos de 8% a.t., aplicando no banco B no mesmo prazo, qual deve ser a alternativa escolhida?

5. Um capital foi aplicado em CDB durante 60 dias a juros efetivos de 1% a.m. Se a diferença entre o capital inicial e os juros ganhos fosse aplicada à mesma taxa, renderia em 4 meses juros de $55,00. Determine o valor do capital aplicado.

6. Um cidadão fez um CDC no banco D no valor de $1000,00 em 12/03/19 e líquido em 120 dias após. Qual foi a data de pagamento ao banco? Qual é o valor da taxa de juros cobrada pelo banco?

MATEMÁTICA FINANCEIRA

TAXAS DE JUROS NO MERCADO FINANCEIRO \\\\\\

A taxa de juros é a comparação de dois valores expressos no mesmo modo, na forma percentual ou na forma unitária. A utilização das taxas de juros dependerá do contexto em que ela é usada, sendo assim, temos a necessidade das definições para o seu uso.

DEFINIÇÕES

Taxas nominais

A taxa é dita nominal se a periodicidade da taxa é diferente da periodicidade de capitalização.

Ex : 5% ao ano com capitalização mensal.

Taxas proporcionais

Consideremos as taxas e os respectivos períodos:

$$\text{TAXA} \qquad \text{PERÍODO}$$

$$i_1 \longrightarrow n_1$$
$$i_2 \longrightarrow n_2$$

Duas taxas são ditas proporcionais se tivermos uma proporção com os valores das taxas e os respectivos períodos. Ou seja:

$$\frac{i_1}{i_2} = \frac{n_1}{n_2}$$

Ou seja: $i_1 \cdot n_2 = i_2 \cdot n_1$, em que:

Notação: $i_1 \sim i_2$

Exemplo:

Qual é a taxa anual proporcional à taxa de 10% a.m.?

$i_1 = 10\%$ a.m. ; $i_2 = ?$; $n_1 = 1$ mês ; $n_2 = 1$ ano $= 12$ meses

$$\frac{10}{i2} = \frac{1}{12}$$

$i_2 = 10 \times 12$; $i_2 = 120$

Taxas efetivas

A taxa é dita efetiva se a periodicidade da taxa é igual à periodicidade de capitalização. É a taxa utilizada nos cálculos de cada um dos exemplos.

Ex: 5% ao mês com capitalização mensal.

Observação: Dada uma taxa nominal, a taxa efetiva correspondente é a sua taxa proporcional no período considerado, como veremos nos exemplos.

Taxas equivalentes

Dizemos que duas ou mais taxas são equivalentes quando um valor é aplicado por um prazo e, calculado o montante com as diversas taxas, obtemos os mesmos resultados.

Notação: $i_1 \approx i_2$

Afirmativa 1: Em regime de juros simples, se i_1 é equivalente a i_2, então i_1 é proporcional a i_2.

Ou seja:

MATEMÁTICA FINANCEIRA

$$\frac{i_1}{i_2} = \frac{n_1}{n_2}$$

Afirmativa 2: Em regime de juros compostos, se i_1 é equivalente a i_2, então:

$$(1 + i_1)^{n2} = (1 + i_2)^{n1}$$

Observação: As demonstrações das Afirmativas (1) e (2) estão no ANEXO 2.

Complemento: No caso das taxas usuais, mensal (i_m), bimensal (i_b), trimestral (i_t), semestral (i_s) e anual (i_a), temos a seguinte relação em regime de juros compostos:

$$(1 + i_a) = (i + i_m)^{12} = (1 + i_b)^6 = (1 + i_t)^4 = (1 + i_s)^2 = (1 + i_d)^{360}$$

Observação: Para demonstrar essa igualdade basta utilizar a afirmativa 2.

Exemplo 1

Apliquei na aquisição de CDBs do Banco A por determinado período a juros nominais de 12% ao ano capitalizados semestralmente, o que resultou no total líquido de $6.272,00. No mesmo prazo, fiz outra aplicação de mesmo valor, também em CDBs, no Banco B, que praticava a taxa de 24% ao ano capitalizados trimestralmente, que resultou no montante de $7.917,78. Ambas as aplicações foram realizadas em regime de juros compostos. Calcular o capital e o prazo da aplicação em anos.

Solução:

Dados: FV_1 = 6.272; FV_2 = 7.917,78; i_1 = 12% a.a. com capitalização semestral; i_2 = 24% a.a. com capitalização semestral; k_1 = 2; k_2 = 4; PV = ?; m = ?

CONQUISTANDO SEU FUTURO FINANCEIRO

Note que o k se refere ao número de vezes que a taxa será capitalizada no ano. Se for semestralmente, então será $k_1 = 2$, se for trimestralmente, então $k_2 = 4$.

O capital e o prazo da aplicação em anos serão:

$$FV_1 = PV_1 \left(1 + \frac{i_1}{k_1}\right)^{k_1 \times m}$$

$$\$6.272 = PV_1 \left[\left(1 + \frac{0,12}{2}\right)^2\right]^m \Rightarrow PV_1 = \frac{\$6.272}{[1,1236]^m} \qquad \textbf{(I)}$$

Na segunda situação teríamos:

$$FV_2 = PV_1 \left(1 + \frac{i_2}{k_2}\right)^{k_2 \times m}$$

$$\$7.917,78 = PV_1 \left[\left(1 + \frac{0,24}{4}\right)^4\right]^m \Rightarrow PV_1 = \frac{\$7.917,78}{[1,2624]^m} \qquad \textbf{(II)}$$

Teremos então:

$$\frac{\$6.272}{[1,1236]^m} = \frac{\$7.917,78}{[1,2624]^m}$$

Aplicando logaritmos:

$\log 1,2624 = m \times \log 1,1236 \Rightarrow m = 2$

Logo:

$$PV_1 = \frac{\$6.272}{[1,1236]^2} = \$4.968,01$$

Ou ainda:

$$PV_1 = \frac{\$7.917,78}{[1,2624]^2} = \$4.968,01$$

MATEMÁTICA FINANCEIRA

Exemplo 2

Apliquei em títulos de renda fixa à taxa nominal de 24% a.a., capitalizada mensalmente. Calcular a taxa efetiva equivalente:

a) diária;

b) semestral

Solução:

Dada a taxa nominal, calculemos inicialmente a taxa efetiva mensal.

$$i_1 = 24\% \; ; \; n_1 = 1a = 12m \; ; \; n_2 = 1m$$

$$\frac{24}{im} = \frac{12m.}{1m} \Rightarrow i_m = \frac{925}{12} = 2\% \text{ a.m}$$

Calculemos as taxas equivalentes.

a) Diária

$$(i + i_m) = (i + i_d)^{30} \Rightarrow id = (1 + 0,02)^{1/30} - 1 = 0,066\% \text{ a.d.}$$

b) Semestral

$$(i + i_s) = (i + i_m)^6 \Rightarrow i_s = (1 + 0,02)^6 - 1 = 12,6162\% \text{ a.s.}$$

ACUMULAÇÃO DE TAXAS

Consideremos as taxas $\{C_i\}$; i = 1, 2, ... n; n - nº inteiro; com a mesma periodicidade e $\{PV_i\}$; i = 1, 2, ... n; os valores obtidos sucessivamente.

C – a taxa acumulada no período.

Teremos, então:

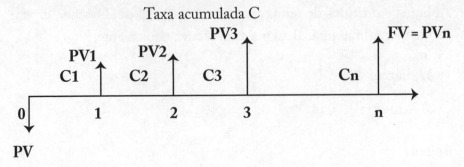

$PV_1 = PV(1 + C_1) \Rightarrow PV_2 = PV_1(1 + C_2) \Rightarrow PV_2 = PV(1 + C_1)(1 + C_2)$
$PV_3 = PV(1 + C_1)(1 + C_2) \cdot (1+C_3)$

Generalizando:

$PV_n = PV(1 + C_1)(1 + C_2) \cdot (1+C_3) \ldots\ldots\ldots\ldots (1 + c_n)$

Calculando em todo o período, teremos:

$PV \cdot (1 + C) = PV \cdot (1 + c_1) \cdot (1 + c_2) \cdot (1+C_3) \cdot \ldots (1 + c_n)$

Logo, **$(1 + C) = (1 + c_1) \cdot (1 + c_2) \cdot \ldots (1 + c_n)$** (***)

TAXA MÉDIA

Consideremos em um certo período os índices $c_1, c_2, \ldots\ldots, c_n$ e C, o índice acumulado, e C_m, a taxa media (geométrica) no período.

Teremos:

$(1 + C) = (1 + c_1) \cdot (1 + c_2) \cdot \ldots (1 + c_n)$

Sendo $c_i = c_m$ para todo $i = 1, 2, \ldots\ldots n$

A média de correção no período é dada por:

$(1 + C_m)^n = (1 + C) \Rightarrow C_m = (1 + C)^{1/n} - 1$

MATEMÁTICA FINANCEIRA

Exemplos

Exemplo 1

Os valores da Taxa Selic nos meses de janeiro e fevereiro de 2018 são iguais a 0,58% e 0,51%, respectivamente. Calcule o valor da taxa acumulada no período.

Solução:

Dados: $c_1 = 0,58\% = 0,0058$ e $c_2 = 0,51\% = 0,0051$; C – a taxa acumulada

Teremos, então:

$(1 + C) = (1 + 0,0058) \cdot (1 + 0,0051) = 1,0109$.

Logo:

$C = 0,0109 = 1,093\%$ acumulados dos dois meses.

Exemplo 2

Dados os valores da taxa Selic no período 2010–2018, calcule a taxa Selic acumulada e o valor da taxa média no período.

Solução:

a) Cálculo da taxa acumulada:

Usaremos o Excel para o cálculo:

Dados

Ano	Selic (%)	Índice	Índice Acumulado	Txa Acumulada
		Base $\Rightarrow$	1	
2010	10,7%	1,107	1,107	10,7%
2011	11,4%	1,114	1,233	23,3%
2012	7,1%	1,071	1,321	32,1%
2013	9,4%	1,094	1,445	44,5%

Ano	Selic (%)	Índice	Índice Acumulado	Txa Acumulada
2014	11,2%	1,112	1,606	60,6%
2015	14,2%	1,142	1,833	83,3%
2016	13,9%	1,139	2,088	108,8%
2017	7,4%	1,074	2,243	124,3%
2018	6,4%	1,064	2,386	138,6%

As fórmulas usadas são vistas na tabela a seguir.

Fórmulas nas células da planilha

Ano	Selic (%)	Índice	Índice Acumulado	Txa Acumulada
		Base ⇒	1	
2010	0,1066	=(1+E7)	=G6*F7	=G7-1
=D7+1	0,114	=(1+E8)	=G7*F8	=G8-1
=D8+1	0,0714	=(1+E9)	=G8*F9	=G9-1
=D9+1	0,094	=(1+E10)	=G9*F10	=G10-1
=D10+1	0,1115	=(1+E11)	=G10*F11	=G11-1
=D11+1	0,1415	=(1+E12)	=G11*F12	=G12-1
=D12+1	0,139	=(1+E13)	=G12*F13	=G13-1
=D13+1	0,074	=(1+E14)	=G13*F14	=G14-1
=D14+1	0,064	=(1+E15)	=G14*F15	=G15-1

O valor da taxa acumulada no período foi 138,6%.

b) Cálculo da taxa média:

Sabemos que:

$$C_m = (1 + C)^{1/n} - 1$$

$C = 138,6\%$; $n = 9$

$Cm = (1 + 1,386)^{\frac{1}{9}} - 1 = (2,386)^{\frac{1}{9}} - 1 = 1,1014 - 1 = 0,101 = 10,14\%$

Taxa média = 10,14%

MATEMÁTICA FINANCEIRA

Taxa efetiva (ou aparente) e taxa de juro real

Na maioria das operações financeiras de investimentos, financiamentos e empréstimos, a taxa nominal, ou aparente, é a taxa que não é usada na operação. A taxa real é obtida após expurgar a inflação da taxa nominal. A relação entre as taxas nominais (ou aparentes) com a taxa real de juros e a taxa de inflação é dada pela **Equação de Fisher**.

A equação de Fisher pode ser obtida a partir da equação (***) do item 4.2.

$$(1 + C) = (1 + c_1) \cdot (1 + c_2) \cdot \ldots \cdot (1 + c_n)$$

Nessa equação, façamos n = 2; c_1 = R (a taxa real de juros); c_2 = J (a taxa de inflação); lembrando que C é a taxa nominal (ou aparente). Teremos, então:

$(1 + C) = (1 + J) \cdot (1 + R) \Rightarrow$ **Equação de Fisher:**

Inflação – J $\Rightarrow$ taxa real – R $\Rightarrow$ taxa nominal (aparente) – C

Esquematicamente, temos:

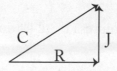

Exemplo 1

No financiamento por meio do Crédito Pessoal (CP), o Banco A oferece a taxa de juros reais de 8% ao ano. Sabendo que a inflação projetada é de 6,5% ao ano, qual será a taxa nominal (aparente) da operação?

Solução:

Dados: J = 6,5% a.a.; R = 8% a.a.; C = ?

Na equação de Fisher, teremos:

C = (1 + J) . (1 + R) – 1

C = (1 + 0,065) . (1 + 0,08) – 1 = 0,1502 = 15,02%

C = 15,02% a.a. é a taxa efetiva anual.

Exemplo 2

Na compra de uma TV, a empresa vendedora cobra a taxa nominal no valor de 5,1% ao mês enquanto a taxa de inflação projetada para o mês é de 1,8%. Calcule a taxa real de ganho da empresa.

Solução:

Dados: C = 5,1% a.m.; J = 1,8% a.m.; R = ?

Na equação de Fisher, teremos:

$$(1 + R) = \frac{(1 + C)}{(1 + J)} = \frac{1 + 0,051}{1 + 0,018} = \frac{1,051}{1,018} = 1,0324$$

R= 1,0324 – 1 = 0,0324 = 3,24% a.m.

A taxa real de ganho da empresa é 3,24% ao mês.

FLUXOS DE CAIXA A PREÇO NOMINAL E A PREÇO REAL

Ao analisarmos variáveis econômicas e financeiras, para que se tenha real entendimento, é necessário especificar se estamos com seus valores a preços constantes ou a preços correntes.

Preço corrente, preço nominal ou preço aparente

O preço corrente é o valor de um bem expresso pelos valores monetários da época, sem levar em conta a inflação. Ou seja, quando nos referimos ao valor de um produto ou de um serviço a preços correntes, isso significa que ele é apresentado pelo valor que vigora na época em questão.

A tabela a seguir apresenta a série de fim do período 2002–2006 do valor das ações ordinárias UNIP3 da empresa Unipar Carbocloro, que é o fluxo de caixa corrente (a preço nominal) no período considerado.

Ano	UNIP3
2001	1,14
2002	1,07
2003	1,80
2004	3,32
2005	3,89
2006	2,47

Suponhamos que um determinado investidor tenha comprado 1 ação ao final de cada ano, de 2001 a 2005, e em 2006 tenha decidido vender todas as ações adquiridas ao longo de 5 anos, a preço da cotação no final de 2006.

Teremos o fluxo de caixa nominal ou as ações a preços correntes.

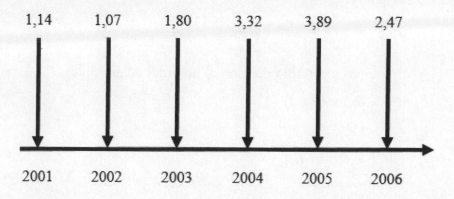

Nominalmente, esse investidor gastou $11,22 para comprar as ações ao longo dos 5 anos, e recebeu $12,35 com a venda. Em termos nominais, o ganho foi de $1,13.

CONQUISTANDO SEU FUTURO FINANCEIRO

a) Variação nominal do preço das ações a cada ano.

Consideremos o fluxo de caixa nominal dado pelos valores negativos (gastos do investidor) ao longo dos 5 anos e positivos (ganhos do investidor).

Fluxo de caixa $\{-CF_0, -CF_1, -CF_2, -CF_3, -CF_4, -CF_5, +CF_6\}$

Sendo $CF_0 = 1,14$, $CF_1 = 1,07$, e assim por diante até $CF_6 = 12,35$. Teremos o fluxo de caixa FC:

FC = {-1,14; -1,07; -1,80; -3,32; -3,89; 12,35}.

Sendo j o índice de variação nominal da ação, vamos calcular a variação no período.

Sendo CF_0 o valor da ação no instante t = 0, e CF_t no instante t(t > 0), calculemos o índice de variação nominal entre os instantes 0 e t, dado pela relação:

$$j_{0,t} = CF_t / CF_0$$

Chamaremos de i a variação percentual nominal no período, a qual é calculada a partir da seguinte fórmula:

$$i_{0,t} = \left\{ \frac{(CF_t)}{(CF_0)} - 1 \right\}^* 100$$

Assim, temos a variação percentual nominal do exemplo:

$i_{2001,2006} = (2,16667 - 1) \cdot 100$

$i_{1998,2003} = 116,67\%$

$i_{0,t} = \{(CF_t - CF_0)/CF_0\}$

Ou, usando a outra fórmula:

$i_{2001,2006} = \{(2,47 - 1,14)/1,14\} \cdot 100$

$j_{2001,2006} = 116,67\%$

MATEMÁTICA FINANCEIRA

Ou seja, a variação do preço das ações no período 2001–2006 é igual a 116,67%. A aplicação apresentou um ganho nominal de 116,67%. Isso significa que a ação adquirida em 2001 e vendida em 2006 rendeu nominalmente 116,67% no período.

Reproduzindo os cálculos para os anos seguintes, teremos no Excel os valores da variação nominal e as fórmulas que aparecem na planilha, conforme as tabelas a seguir:

Variação nominal – Fórmulas na planilha de Excel

Variação Nominal para CADA ano 2002–2006	
$J_{2002,2006}$	130,84%
$J_{2002,2006}$	37,22%
$J_{2002,2006}$	-25,60%
$J_{2002,2006}$	-36,50%

$J_{2002,2006}$	=(($D$11/D7)-1)
$J_{2002,2006}$	=(($D$11/D8)-1)
$J_{2002,2006}$	=(($D$11/D9)-1)
$J_{2002,2006}$	=(($D$11/D10)-1)

Em cada uma dessas operações de compra e venda das ações encontramos variações nominais distintas. Com esses cálculos, não podemos afirmar se o investidor ganhou ou perdeu na operação. Verificamos apenas as variações nominais a cada ano.

Vamos verificar se o investidor ganhou ou perdeu no conjunto dessas operações. Para tanto, temos que verificar qual foi o ganho real, ou seja, se na operação o investidor ganhou ou perdeu com a inflação. Então, definiremos preços reais ou constantes de cada uma das ações em 2006.

b) Preço constante ou preço real

O valor da ação expresso a preços constantes em um determinado ano é o seu valor corrigido pela inflação. O valor monetário da ação apresentado ao longo do tempo tem o mesmo poder de compra. Sendo assim, vamos considerar o preço da ação corrigido segundo o IGP-M da Fundação Getúlio Vargas e analisar a **variação real dos preços das ações.**

CONQUISTANDO SEU FUTURO FINANCEIRO

Os valores anuais do IGP-M estão representados na tabela a seguir:

Ano	IGP-M
2001	10,38%
2002	25,31%
2003	8,71%
2004	12,41%
2005	1,21%
2006	3,83%

Fonte: Fundação Getúlio Vargas

Consideraremos, em uma data tomada como origem, o valor CF_0. Decorridos t períodos, seja o valor CF_t que tenha o mesmo poder de compra, no sentido de poder adquirir o mesmo valor CF_0. A equação a seguir permite calcular os fluxos dos valores da aquisição das ações a preços constantes:

$$CF_t = C_{F0} T_{t=1}^i (1 + T_t), \text{ sendo } T_1; T_2; T_3; \ldots T_t, \text{ sendo:}$$

Como houve dispêndio a cada ano para cada operação de compra, teremos que acumular os índices de preços da data da operação a cada ano até a venda. Esses valores serão os fluxos a preços constantes, ou expressos a preços da época t. Vamos calcular separadamente cada operação até a data focal t, que no nosso exemplo é o ano de 2006. Teremos, então, as equações e os fluxos dos valores de aquisição das ações a preços constantes de 2006.

- Preço de aquisição da ação a preços constantes de 2006:

$$CF_{2001,2006} = CF_{2001} \ T_{2001}^{2006} (1 + T_t)$$

MATEMÁTICA FINANCEIRA

- Preço de aquisição das ações em 2001 a preços constantes de 2006:

$CF_{2001,2006} = 1{,}14 \cdot (1 + 0{,}2531) \cdot (1 + 0{,}0871) \cdot (1 + 0{,}1241) \cdot (1 + 0{,}0121) \cdot (1 + 0{,}0383)$

$CF_{2001,2006} = 1{,}14 \cdot 1{,}6092 = 1{,}8345$

- Preço de aquisição das ações em 2002 a preços constantes de 2006:

$CF_{2002,2006} = CF_{2002} \ T^{2006}_{2002} (1 + T_t)$

$CF_{2002,2006} = 1{,}07 \cdot (1 + 0{,}0871) \cdot 1 + 0{,}1241) \cdot (1 + 0{,}0121) \cdot (1 + 0{,}0383)$

$CF_{2002,2006} = 1{,}07 \cdot 1{,}2842 = 1{,}3741$

- Preço de aquisição das ações em 2003 a preços constantes de 2006:

$CF_{2003,2006} = CF_{2003} \ T^{2006}_{2003} (1 + T_t)$

$CF_{2003,2006} = 1{,}80 \cdot (1 + 0{,}1241) \cdot (1 + 0{,}0121) \cdot (1 + 0{,}0383)$

$CF_{2003,2006} = 1{,}80 \cdot 1{,}1813 = \$2{,}1263$

- Preço de aquisição das ações em 2004 a preços constantes de 2006:

$CF_{2004,2006} = CF_{2004} \ T^{2006}_{2004} (1 + T_t)$

$CF_{2004,2006} = 3{,}32 \cdot (1 + 0{,}0121) \cdot (1 + 0{,}0383)$

$CF_{2004,2006} = 3{,}32 \cdot 1{,}0509 = R\$3{,}4889$

- Preço de aquisição das ações em 2005 a preços constantes de 2006.

$CF_{2005,2006} = CF_{2005} \ T^{2006}_{2005} (1 + T_t)$

$CF_{2005,2006} = 3{,}89 \cdot (1 + 0{,}0383)$

$CF_{2005,2006} = 3{,}89 \cdot 1{,}0383 = 4{,}0390$

Desta forma, temos os fluxos de caixa constantes dessa operação:

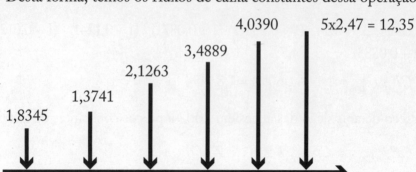

O valor de um bem expresso a preços constantes é o valor monetário na data-base, levando em conta o ajuste da inflação. Sendo assim, todos os valores nos fluxos de caixa constantes estão expressos em um mesmo padrão monetário e, por isso, passíveis de um cálculo de resultado correto. O resultado obtido a partir da equação "venda-compra" será o ganho real da operação, conforme cálculo a seguir:

- Lucro real = Valor das $Vendas_{2006}$ - $Compras_{2006}$
- Lucro real = 5 · 2,47 - (1,8345 + 1,3741 + 2,11263 + 4,0390)
- Lucro real = 12,35 - 12,8627
- Lucro real = -0,5127

Em termos reais, essa operação teve prejuízo de $0,5127, resultado diferente do nominal, que apresentou lucro de $1,13.

Usando a equação de Fisher

Podemos também usar a equação de Fisher para calcularmos a taxa real no exemplo.

MATEMÁTICA FINANCEIRA

Sabemos que:

$$(1 + C) = (1 + J) \cdot (1 + R)$$

Inflação – J $\Rightarrow$ taxa real - R $\Rightarrow$ taxa nominal (aparente) – C

Teremos, então:

C = 116,67% $\Rightarrow$ J = 77,62% $\Rightarrow$ R = ?

$(1 + 1,1667) = (1 + 0,7762) \cdot (1 + R)$

$$(1 + R) = \frac{(1 + C)}{(1 + J)} = \frac{1 + 1,1667}{1 + 0,7762} = \frac{2,1667}{1,7762} = 1,2198$$

R = 21,98%

O ganho real dessa operação foi de 21,98%; esse resultado indica que a variação nominal do valor da ação superou a inflação do período. Ou que o valor nominal de aquisição da ação corrigido pela taxa de inflação do período ficou além do preço de venda. Portanto, esse investidor que comprou 1 ação em 2001 e a vendeu em 2006 obteve ganho real de 21,98% no período e ganho nominal de 116,67% no mesmo período.

Exemplos complementares

Observação: Todos os exercícios são em regime de juros compostos.

1. Um capital de $13.800,00 foi aplicado por 2 anos à taxa nominal de 14% a.a. Calcule o montante, considerando que, no primeiro ano, os juros são capitalizados semestralmente e, no segundo, trimestralmente.

2. A taxa de juros real a ser cobrada no financiamento em CDC é igual a 1,50% a.t. no período de 6 meses. Sabendo que a projeção da taxa de inflação para esse período é de 10% a.a., de-

termine a taxa efetiva (ou aparente) semestral no período a ser prefixada para esse financiamento.

3. Na aquisição de um CDB no banco A, foi cobrada uma taxa efetiva para o período de 3 meses que equivalente a uma taxa efetiva anual de 30% a.a. Qual a taxa cobrada pelo banco A?

4. Determine as taxas efetivas trimestral e semestral equivalentes à taxa nominal de 13,5% ao ano, capitalizados mensalmente, referentes a um CDC concedido pelo banco B a um de seus clientes.

DESCONTO

A operação de desconto é uma prática usual no setor comercial, no bancário e também nas negociações com títulos no mercado financeiro. Podemos definir então o desconto como sendo o valor do abatimento concedido ao seu portador pela antecipação do pagamento ou recebimento deste antes da data do seu vencimento futuro. Entre os principais títulos usados no mercado que permitem a operação de desconto, temos: as duplicatas, as notas promissórias, os títulos públicos, a letra de câmbio e os cheques pré-datados.

O desconto a ser concedido na operação pode ser calculado no regime de juros simples ou no de juros compostos. Em ambos, o desconto pode ser calculado de duas formas: "desconto por fora" (também dito desconto comercial ou bancário) e "desconto por dentro" (conhecido como desconto racional). A prática usual na operação de desconto junto aos bancos é utilizar os modelos de "desconto bancário (comercial)

MATEMÁTICA FINANCEIRA

com juros simples" e o "desconto racional composto", considerando-se o ano com 252 dias nas duas modalidades.

DESCONTO NO REGIME DE JUROS SIMPLES

Nas operações de desconto de um título usaremos a notação (i_d) para a taxa de desconto praticada na operação; (VN) para o seu valor nominal, ou valor de face do título; (VR) para o valor de resgate; $(D = VN - VR)$ para o valor do desconto na operação; (dv) para sua data de vencimento; e (d_r) para a data de resgate do título, que é a data no momento em que o título foi descontado. Consideramos a taxa i_d com período m e n (dias), o prazo da operação, ou seja, o número de dias existentes entre a data de vencimento (dv) e a data de resgate (d_r).

Desconto por fora (desconto bancário)

No desconto por fora, o valor do desconto D é obtido aplicando a taxa de desconto (i_d) sobre o valor nominal do título multiplicado pelo prazo da operação. Ou seja:

$$D = i_d \cdot n \cdot VN \Rightarrow VR = VN - D = VN - i_d \cdot n \cdot VN \Rightarrow VR = VN \cdot (1 - i_d \cdot n)$$

Temos, portanto:

$$VR = VN \cdot (1 - i_d \cdot n)$$

Exemplo 1

Na venda do meu carro recebi um cheque pré-datado no valor de $50.000,00 para ser recebido dentro de 90 dias. Para receber imediatamente o valor de face do cheque fui ao banco para descontá-lo. Como o banco cobra uma taxa de 4% a.m. e aplica o modelo de desconto bancário simples, quanto receberei na operação? Qual o valor do desconto?

Dados: $VN = 50.000$; $N = 90$ dias; $(i_d) = 4\%$ a.m. $= 0,04$; $m = 1$ mês $= 30$ dias

$$n = \frac{N}{m} = \frac{90}{30} = 3$$

Considerando a fórmula:

$$VN = VR \cdot (1 - i_d \cdot n)$$

Solução:

$VR = 50.000 \cdot (1 - 0,04 \cdot 3) = 44.000$

$D = VN - VR = 50.000 - 44.000 = 6.000$

Portanto, receberei o valor de $44.000,00 e o valor do desconto é igual a $6.000,00.

Exemplo 2

Um empresário recebeu uma duplicata com valor nominal de $10.000,00, que vencerá daqui a 9 meses. O banco ofereceu desconto de $1.300,00 na operação e utilizou o modelo de desconto comercial (bancário) simples. Qual foi a taxa mensal de desconto aplicada pelo banco?

Dados:

$VN = 10.000$; $N = 9$ meses; $(i_d) = ?$; $m = 1$ mês

$$n = \frac{N}{m} = \frac{9}{1} = 9$$

Considerando a fórmula:

$$D = VN - VR$$

MATEMÁTICA FINANCEIRA

Solução:

$1.300 = 10.000 - VR$

$VR = 10.000 - 1.300 = 8.700$

$8.700 = 10.000 \cdot (1 - i_d \cdot 9)$

$i_d = 1{,}44\%$ a.m.

Desconto por dentro (desconto racional)

No desconto por dentro, primeiramente calculamos o valor de resgate VR, que é o valor presente do valor de face VN do título; em seguida, calculamos o valor do desconto D_R, que é a diferença entre o valor de VN e VR, como a seguir.

$$VR = \frac{VN}{1 + i_d \cdot n}$$

Podemos ainda escrever:

$$D_R = VN - \frac{VN}{1 + i_d \cdot n} = VN \left(1 - \frac{1}{1 + i_d \cdot n}\right) = \frac{VN + i_d \cdot n}{1 + i_d \cdot n} = \frac{VN}{1 + i_d \cdot n} \cdot i_d \cdot n = VR \cdot i_d \cdot n$$

Logo:

$$D_R = VR \cdot i_d \cdot n$$

Em outras palavras, o desconto racional (por dentro) é calculado aplicando a taxa de desconto i_d sobre o valor de resgate.

Exemplo 3

Descontei uma duplicata com valor nominal de $\$15.000,00$, com vencimento em 3 meses utilizando o modelo racional simples. Determine o valor de resgate se a taxa de desconto é de 2% ao mês.

Dados:

$VN = 15.000$; $N = 3$ meses; $(i_d) = 2\%$ a.m. $= 0{,}02$; $m = 1$ mês; $n = 3$

Solução:

$$VR = \frac{VN}{1 + i_d \cdot n} = \frac{15.000}{1 + 0{,}02 \cdot 3} = 14.150{,}94$$

DESCONTO NO REGIME DE JUROS COMPOSTOS

Desconto por fora (desconto bancário)

No desconto por fora, tal como definido anteriormente, mas aplicando ao regime de juros compostos, o valor do desconto D é obtido aplicando a taxa de desconto (i_d) sobre o valor nominal VN do título em cada período da taxa durante o prazo da operação. O valor de resgate VR é dado pela fórmula:

$$VR = VN \cdot (1 - i_d)^n$$

Demonstração:

VN é o valor nominal do título. No primeiro período de desconto encontramos o valor VN_1, no segundo período, o valor VN_2, e assim sucessivamente, conforme adiante. Após o n-ésimo cálculo de desconto encontramos o valor VR.

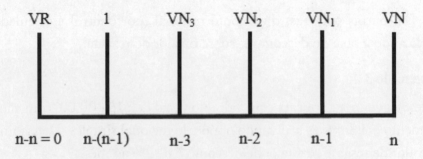

$$VN_1 = VN - i_d \cdot VN = VN(1 - i_d) \Rightarrow$$

$$VN_2 = VN_1 - i_d \cdot VN_1 = VN(1 - i_d) = VN(1 - i_d)(1 - i_d) \Rightarrow$$
$$VN_2 = VN(1 - i_d)^2$$
$$VN_3 = VN_2 - i_d \cdot VN_2 = (1 - i_d) = VN(1 - i_d)^2 \cdot (1 - i_d)^3 \Rightarrow$$
$$VN_3 = VN(1 - i_d)^3$$

Generalizando:

$$VR = VN_{n-n} = VN(1 - i_d)^n$$

Enquanto o desconto é dado pela equação:

$$D = VN - VR$$

Neste caso, podemos usar a HP12C fazendo as seguintes considerações: o comando VF é dado pelo valor de VR, a taxa i tem valor negativo e o valor de VN é o valor PV na HP.

Exemplo 4

Um cliente fez o pagamento das suas compras em uma loja com cheque pré-datado no valor de \$8.000,00, para ser recebido dentro de 4 meses. O gerente da loja fez a operação de desconto com o banco que pratica a taxa de 5% a.m. no modelo de desconto bancário composto.

a) Quanto a loja receberá na operação?

b) Qual o valor do desconto cobrado pelo banco?

Solução :

Dados: $VN = 8.000$; $N = 4$ meses; $(i_d) = 5\%$ a.m. $= 0,05/\text{mês}$; $n = 4$

Solução:

a) Usando a fórmula:

$$VR = VN \cdot (1 - i_d)^n$$

Temos:

$$VR = 8.000 \cdot (1 - 0,05)^4 = 6.516,05$$

Usando a HP12C, teremos:

No Exemplo	HP12C
STO EEX	"C" ativado
8.000 (VN)	CHS PV
-5 (id)	i
4n	n
FV (VR)	6.516,05
RCL PV	1.483,95

A loja receberá o valor de $6.516,05.

$D = 8.000 - 6.516,05 = 1.483,95$

Desconto por dentro (desconto racional)

No desconto por dentro para o regime de juros compostos, tal como visto, teremos:

$$VR = \frac{VN}{(1 + i_d)^n}$$

Enquanto o desconto racional é dado por:

$$DR = VN - VR$$

Neste modelo podemos também usar a HP12C nos cálculos, considerando PV como o valor de VR, FN como o valor VN e i_d como a taxa i.

Exemplo 5

Recebi um cheque pré-datado no valor de $5.000,00, para ser pago dentro de 6 meses. Para obter imediatamente o valor do cheque, fui ao banco para descontá-lo. O banco cobra uma taxa de 2% a.a. e aplica o modelo de desconto racional composto. Quanto receberei na operação e qual o valor do desconto cobrado pelo banco?

Dados:

$VN = 5.000$; $N = 6$ meses; $(i_d) = 2\%$ a.a. $= 0,02$; $m = 1$ ano

$$n = \frac{N}{m} = \frac{6}{12} = 0,5$$

Solução:

Usando a fórmula:

$$VR = \frac{VN}{(1 + i_d)^n}$$

Teremos:

$$VR = \frac{5.000}{(1 + 0,02)^{0,5}} = 4.950,74$$

Usando a HP12C:

No Exemplo	HP12C
STO EEX	"C" ativado
5.000 (VN)	CHS FV
2	i
0,5 n	n
PV (VR) +	4.950,74

Exemplo 6

Uma empresa recebeu uma duplicata de $40.000,00 em 01/03/2020 para ser paga em 05/11/2020. A taxa de desconto praticada pelo banco no modelo racional composto é de 3% ao ano.

a) Qual o prazo de resgate do título em dias?

b) Qual o valor de resgate do título, considerando o ano com 252 dias?

c) Qual o valor do desconto exigido pelo banco?

Dados:

VN = 4.000; (i_d) = 3% a.a. = 0,03; m = 1 ano = 252 dias; N = ?

Solução:

a) Cálculo de n:

Na **HP12C** calcularemos o nº de dias entre as duas datas (N).

No exemplo	HP12C
f 6	6 casas decimais
g D.MY	dia, mês, ano
01.032020	01.032020
Enter	01.032021
05.112020	05.112021
g ΔDYS	249

N = 249 dias.

$$n = \frac{N}{m} = \frac{249}{252} = 0,99$$

b) Cálculo de VR:

$$VR = \frac{40.000}{(1 + 0,03)^{0,99}} = 38.846,43$$

MATEMÁTICA FINANCEIRA

Utilizando a HP12C:

Dados	HP12C
40.000	CHS FV
3	i
0,99	n
PV	38.846,43
RCL FV	-40.000
+	1.153,57

c) Valor do desconto:

$D = 40.000 - 38.846,43 = 1.153,57$

Aplicações complementares

1. O banco A realiza suas operações de descontos de títulos cobrando 1,5% ao mês. Uma trading company descontou nesse banco o valor de $100 mil em duplicatas a receber, todas com vencimento no prazo de 3 meses. Determine o valor líquido colocado à disposição desta trading na data da operação, nas seguintes condições:

a. A juros simples com desconto "por fora".

b. A juros compostos com desconto racional (por fora).

2. Uma duplicata a receber pela empresa "PlásticosM Ltda" com valor de resgate de $1.000,00, com 80 dias até seu vencimento, está sendo negociada com o banco B a 13% ao ano. Qual a melhor opção para a empresa:

a. Receber a juros simples com desconto "por fora".

b. Receber juros compostos com desconto racional (por fora).

3. Qual o valor do desconto nos dois casos anteriores?

ANUIDADES OU SÉRIES UNIFORMES DE PAGAMENTOS

Conceitos

Denominamos anuidades ou séries uniformes de pagamentos um conjunto de valores positivos ou negativos que são o pagamento ou o recebimento de forma sucessiva no tempo, constituindo o que chamamos de fluxo de caixa ordenado. Nas séries uniformes, os valores dos fluxos serão chamados "prestações" e também é usual distribuirmos os valores espaçados igualmente no tempo, salvo particularidades.

Classificação

Vamos classificar as anuidades de acordo com as seguintes características: o prazo (a), o valor (b), a forma (c) e o período (d).

a) Quanto ao prazo, as anuidades podem ser:

- **Temporárias:** com duração limitada.

- **Perpétuas:** com duração ilimitada, também chamadas de anuidades perpétuas.

b) Quanto ao valor dos pagamentos, podem ser:

- **Constantes:** com todos os pagamentos ou recebimentos em valores iguais.

- **Variáveis:** quando os pagamentos ou recebimentos não são de valores iguais.

c) Quanto à forma de pagamento, as anuidades podem ser:

- **Imediatas:** quando o primeiro pagamento ocorre no momento de início do fluxo dos valores, podendo ser:

- **Postecipadas:** ao final do primeiro período, ou seja, sem entrada de valores.

- **Antecipadas:** no início do primeiro período, ou seja, com entrada igual ao valor dos demais pagamentos.

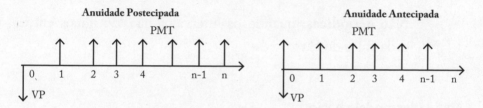

- **Diferidas:** quando o primeiro pagamento ou recebimento não ocorre no primeiro período, ou seja, há um prazo de carência. As diferidas podem ser:

1. **Postecipadas:** quando desconsiderada a carência, temos uma situação idêntica à das anuidades imediatas postecipadas. Isto é, o primeiro pagamento ou recebimento ocorre um período após o término da carência ou diferimento.

2. **Antecipadas:** quando desconsiderada a carência, temos uma situação idêntica à das anuidades imediatas antecipadas. Isto é, o primeiro pagamento ou recebimento coincide com o final da carência ou diferimento.

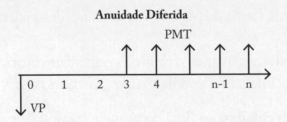

d) Quanto à periodicidade, as anuidades podem ser:

- **Periódicas:** quando todos os intervalos entre os valores do fluxo são iguais.

- **Não periódicas:** quando os intervalos não são iguais entre cada valor do fluxo.

Anuidade: modelo básico

Entendemos por modelo básico de anuidades a série de valores do fluxo em que elas forem simultaneamente **temporárias, constantes, imediatas postecipadas e periódicas**.

No estudo das anuidades de modelo básico consideraremos as seguintes variáveis e suas representações:

- Valor presente da anuidade – *PV*.

- Valor da prestação (*payment*)– *PMT*.

- Tempo de duração – *n*.

- Taxa de atratividade – *i*.

- Futuro da anuidade – *FV*.

Essas variáveis estão relacionadas pelas fórmulas cujas demonstrações estão no ANEXO 5.

MATEMÁTICA FINANCEIRA

Valor presente de uma anuidade de modelo básico

O valor presente dessa anuidade é dado pela fórmula:

$$PV = PMT \cdot a_{n\neg 1\%}$$

$$a_{n\neg 1\%} = \frac{1 - (1 + i)^{-n}}{1}$$

Valor futuro de uma anuidade de modelo básico

O valor futuro da anuidade de modelo básico é dado pela fórmula:

$$FV = PMT \cdot a_{n\neg 1\%} \cdot (1 + i)^n$$

Observações: Na solução de alguns problemas utilizaremos as fórmulas desenvolvidas; em outras, a sequência de ferramentas da HP12C.

A demonstração das fórmulas está no ANEXO A-7.

Exemplo 1

Uma loja de eletrodomésticos aplica juros efetivos de 10% a.m. nas vendas a prazo e exige a quitação em sete prestações mensais postecipadas no valor de R\$3.000,00. Calcular o valor do financiamento efetivo.

Solução:

Dados	HP12C
g	END
3.000	CHS PMT
10	i
7	n
14.605,26	PV

Exemplo 2

O valor à vista de um aparelho eletrodoméstico é de R\$4.000,00, que será pago em 10 parcelas mensais iguais postecipadas, com taxa de juros de 5% ao mês. Qual o valor de cada prestação?

CONQUISTANDO SEU FUTURO FINANCEIRO

Solução:

Dados	HP12C
g	END
4.000	CHS PV
5	i
10	n
518,02	PMT

Exemplo 3

Suponha que no Exemplo 2 seja dada uma prestação de entrada (modelo antecipado). Qual o valor de cada prestação?

Solução:

Dados	HP12C
g	BEG
4.000	CHS PV
5	i
10	n
493,35	PMT

Exemplo 4

Uma máquina cujo preço à vista é de $3.000,00 é vendida em 10 prestações mensais postecipadas de $400,00. Qual é a taxa mensal a ser paga no financiamento?

Solução:

Dados	HP12C
g	END
3.000	CHS PV
5	i
400	PMT
5,60%	i

MATEMÁTICA FINANCEIRA

Exemplo 5

Por uma compra no valor de $2.500,00 será paga uma entrada de 10% e prestações quinzenais, iguais e postecipadas, que serão pagas durante 8 meses. A juros efetivos de 6% a.m., calcular o valor da prestação.

Solução:

Dados: PV = 2.500; E = 10% · 2.500 = 250; i = 6% a.m.; n = 16 quinzenas; PMT = ?

A questão trata de uma anuidade com entrada diferente do valor da prestação.

Primeiro, devemos calcular a taxa quinzenal equivalente à taxa de juros efetivos de 6% a.m.:

$$(1 + i_m)^1 = (1 + i_q)^2 \Rightarrow i_q = (1,06)^{\frac{1}{2}} - 1 = 2,96\% \text{ a.q.}$$

Teremos, então:

$$PMT = \frac{PV}{\left[\dfrac{(1 + i)^n - 1}{(1 + i)^n \times 1}\right]} = \frac{PV}{a_{n \,|\, i\%}} \Rightarrow PMT = \frac{PV}{a_{24 \,|\, 0,9\%}}$$

$$\Rightarrow \frac{2.500 - 250}{\left[\dfrac{(1,0296)^{16} - 1}{(1,0296)^{16} \times 0,296}\right]} = \frac{2.250}{12,60} = 178,58$$

Utilizando a HP12C:

Dados	HP12C
g	END
2.500 - 250 = 2.250	CHS PV
2,96	i
16	n
178,58	PMT

O valor da prestação será igual a $178,58.

Exemplo 6

Um bem de \$350,00 pode ser pago por meio de uma entrada mais 4 prestações trimestrais de \$70,00. A juros efetivos de 10% a.m., calcular o valor da entrada.

Solução:

Neste caso, para calcular o valor da entrada utilizamos a seguinte relação:

$$PV = E + P \cdot \frac{(1 + i)^4 - 1}{(1 + i)^4 \times 1}$$

Isolando a entrada (E), temos uma subtração entre o valor total e o valor de capital acumulado:

$$E = PV - PMT \cdot \frac{(1 + i)^4 - 1}{(1 + i)^4 \times 1}$$

Convertendo a taxa de juros mensais para os valores da capitalização trimestral:

$$i_{trimestral} = (1 + i_{mensal})^3 - 1 = (1 + 0,1)^3 - 1 = 33,10\%$$

Substituindo os valores:

$$E = 350 - 70 \cdot \frac{(1 + 0,33)^4 - 1}{(1 + 0,33)^4 \times 0,33} = 350 - (70 \cdot 2,06) = 205,80$$

Exemplo 7

A juros efetivos de 2% a.m., quanto tempo levarei para pagar um financiamento no valor de \$2.800,00, pagando prestações mensais postecipadas de \$264,77?

MATEMÁTICA FINANCEIRA

Solução:

Dados: $VP = 2.800$; $i = 2\%$ a.m.; $PMT = 264,77$; $n = ?$

Dados	HP12C
g	END
2.800	CHS PV
2	i
264,77	PMT
n	12

Exemplo 8

Depositarei $2.500 todo fim de mês em um fundo de investimento que paga juros efetivos 6% a.m. Calcule o montante final da aplicação no fim de 7 meses.

Solução:

Dados	HP12C
g	END
2.500	CHS PMT
6	i
7	n
FV	20.984,59

Exemplo 9

Ao comprar um instrumento óptico, cujo valor à vista é de $65.000,00 em um determinado laboratório, pagarei uma entrada e 3 prestações mensais de $23.850,00. A juros efetivos de 18% a.m., calcule o valor da entrada.

Dados: $VP = 65.000$; $PMT = 23.850$; $n = 3$; $i = 18\%$ a.m.

E = entrada = ?

Solução:

Como o valor presente dos *PMT* deve ser igual ao valor à vista, então:

$$PV = E + PMT \cdot \left(\frac{(1+i)^n - 1}{(1+i)^n \times 1}\right) = 65.000$$

$$= E + 23.850 \cdot \left(\frac{(1,18)^3 - 1}{(1,18)^3 \times 0,18}\right)$$

$$= 65.000 - 23.850 \cdot \left(\frac{0,64}{0,30}\right) = 6.500 - 50.880 = 14.120,00$$

Resposta: O valor da entrada é de $14.120,00.

Exemplo 10

Uma instituição financeira concede um determinado período de carência para início dos reembolsos em operações de empréstimos. Um financiamento de $10.000,00 será pago em 5 prestações mensais antecipadas de $3.500,00 cada. A juros efetivos de 2% a.m. em todo o período de financiamento, calcule o período de carência concedido.

Solução:

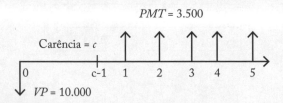

Primeiramente, é necessário separar as informações:

Valor financiado = 10.000; $n = 5$; *PMT* = 3.500; taxa = 2% a.m.

Carência = ?

I) Para calcular a carência é necessário resolver a igualdade na equação:

Valor financiado = Valor dos pagamentos

$$10.000 \times (1 + 0,02)^{c-1} = \frac{3.500 \cdot (1 + 0,02)^5 - 1}{(1 + 0,02)^5 \times 0,02}$$

$$10.000 \cdot (1,02)^{c-1} = 16.497,11$$

$$(c - 1) = \frac{Log 1,65}{Log 1,02} = 25,28$$

$$c = 25,28 + 1 = 26,28 \text{ meses de carência}$$

Exemplo 11

Um bem será pago em 7 prestações mensais de $173.000,00. Para suavizar os pagamentos, o comprador pediu a modificação do prazo para 19 prestações mensais. Considerando uma taxa de juros efetiva cobrada de 2,3% a.m., calcule o valor das novas prestações mensais.

Solução:

A resolução do problema será divida em duas partes:

1. A primeira parte é composta do cálculo do valor presente ou financiamento da operação com os dados anteriores da modificação do prazo.

2. A segunda parte é composta do cálculo do valor da nova prestação com o prazo modificado.

Dados anteriores à modificação do prazo:

$PMT = 173.000$; $i = 2,3\%$ a.m.; $n = 7$ prestações

O problema será resolvido a partir da fórmula:

$$PV = PMT \cdot \frac{(1 + i)^n - 1}{(1 + i)^n \times i}$$

CONQUISTANDO SEU FUTURO FINANCEIRO

Substituindo as variáveis da fórmula pelos valores dados no problema:

$$VP = 173.00 \times \frac{(1 + 0,023)^7 - 1}{(1 + 0,023)^7 \times 0,023} = 1.106.854,78$$

Dados após a modificação de prazo:

$PV = 1.106.854,78$; $i = 2,3\%$ a.m.; $n = 19$ prestações

Teremos, então:

$$PMT = \frac{1.106.854,78}{\dfrac{(1 + 0,023)^{19} - 1}{(1 + 0,023)^{19} \times 0,023}}$$

$PMT = 72.565,49$

O resultado da nova prestação será de $72.565,49.

Aplicações complementares

Observação: Todos os exercícios são em regime de juros compostos.

1. Uma TV no valor de $4.000,00 foi adquirida na loja A para pagamento em 12 prestações mensais. Se a taxa cobrada pela loja é de 1,8% a.m., qual o valor das prestações?

2. Um banco de investimentos cobra 1,2% ao mês, no regime de juros compostos, nos seus financiamentos e deseja que a taxa de juros seja mantida em todas as operações. Considere que os financiamentos devem ser amortizados no prazo de dois anos e que a 1ª prestação tem vencimento um mês após a assinatura. Se um financiamento tem o valor de $10.000,00, determine:

   a. O valor de cada uma das 24 prestações mensais, iguais e sucessivas.

MATEMÁTICA FINANCEIRA

b. Para quanto será reduzido o valor da prestação mensal se no final de cada trimestre for paga uma parcela intermediária no valor de $1.000,00 adicionalmente ao valor da prestação mensal correspondente.

3. Um cidadão fez um empréstimo de $100.000,00, contratado a juros efetivos de 1% a.m. para ser liquidado em 15 prestações mensais. Depois de serem pagas 10 prestações, ele resolve solicitar $20.000,00 adicionais, incorporando essa nova dívida ao saldo da existente. Mantendo a mesma taxa de juros, calcular o valor da nova dívida e sua prestação para liquidação nos meses restantes.

4. Um empréstimo de $16.000,00 tomado hoje será reembolsado em 12 prestações mensais de $1.500,00 cada, sendo a primeira prestação paga no ato do contrato. Determine a taxa de juros efetiva mensal contratada.

5. Uma geladeira no valor de $3.000,00 foi adquirida a prazo, com prestações mensais de $400,00. Se a taxa de juros cobrada é de 1,46% a.m., calcular o número de prestações necessárias para o pagamento total do financiamento.

FLUXO DE CAIXA DESCONTADO

O fluxo de caixa é um conjunto de valores sucessivos, não necessariamente iguais, positivos (+) ou negativos (-), que podem significar os pagamentos e recebimentos de um investimento em um projeto qualquer, ou também entradas e saídas do movimento financeiro de uma empresa, ou seja, os seus retornos. Nesta seção estamos interessados no cálculo do valor presente do fluxo de caixa e, no caso de um investimento, do seu Valor Presente Líquido (VPL) e da Taxa Interna de Retorno (TIR) do investimento.

Valor presente do fluxo de caixa

Consideremos o fluxo de caixa dado pelo conjunto de valores:

$\{FC_1; FC_2; FC_3, ...\} = \{FC_j\}$, $1 \le j \le n$, com periodicidade igual ao período da taxa.

O valor presente do fluxo de caixa é o valor obtido quando adicionamos o valor presente de cada valor do fluxo segundo uma determinada taxa i.

VP_{FC} – valor presente do fluxo de caixa

Teremos, então:

$$PV_{FC}(i) = \frac{FC_1}{(1 + i)^1} + \frac{FC_2}{(1 + i)^2} + ... + \frac{FC_n}{(1 + i)^n} = \sum_{j=1}^{n} \frac{FC_j}{(1 + i)^j} = F(i)$$

Taxa Interna de Retorno

Se denominarmos I o valor aplicado em determinado projeto, definimos o Valor Presente Líquido (VPL) do fluxo de caixa como sendo o valor obtido pela relação:

$VPL\ (i) = PV_{FC} - I = F(i)$ é o Valor Presente Líquido do fluxo de caixa.

$VPL\ (i) = F(i)$ é uma função da variável i.

Demonstra-se que

1. $F(i)$ é uma função decrescente com concavidade para cima.

2. $F(i)$ corta o eixo i no ponto $i = i^*$.

Portanto, $F(i)$ tem um gráfico na seguinte forma.

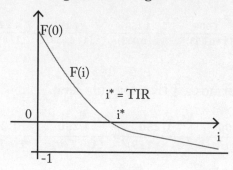

No ponto i = i*, em que $F(i)$ corta o eixo i, teremos

$$F(i^*) = \sum_{j=1}^{n} \frac{FC_j}{(1 + i^*)^j} - I = 0 \Rightarrow VP_{FC} = \sum_{j=1}^{n} \frac{FC_j}{(1 + i^*)^j} = I$$

O valor $i = i^*$ é chamado "Taxa Interna de Retorno (TIR)". Ou seja:

TIR = i^* é a taxa que torna o valor presente do fluxo de caixa PV_{FC} (i) igual ao valor do investimento (I).

Exemplo 1

Pretendo fazer um investimento no valor de $5.000,00 em um projeto de vida útil de 5 meses, com retornos previstos na tabela a seguir. Com taxa de mercado de 5,3% ao mês, encontre o Valor Presente Líquido (VPL) e a Taxa Interna de Retorno (TIR).

Mês	Valor
0	-5.000,00
1	1.000,00
2	1.250,00
3	1.250,00
4	1.250,00
5	1.800,00

CONQUISTANDO SEU FUTURO FINANCEIRO

Solução:

a) Usamos a fórmula para o cálculo do VPL:

$$VPL = -5.000 + \frac{1.000}{(1+0,053)^1} + \frac{1.250}{(1+0,053)^2} + \frac{1.250}{(1+0,053)^3} + \frac{1.250}{(1+0,053)^4} + \frac{1.800}{(1+0,053)^5}$$

VPL = 5.554,68

b) Para calcularmos a TIR a fórmula será:

$$0 = -6.000 + \frac{1.000}{(1+TIR)^1} + \frac{1.250}{(1+0,TIR)^2} + \frac{1.250}{(1+TIR)^3} + \frac{1.250}{(1+TIR)^4} + \frac{1.800}{(1+TIR)^5}$$

TIR = 8,93% a.m

c) Calcularemos o VPL e a TIR na HP12C. Para tanto, nos cálculos temos que indicar os valores do fluxo de caixa sequencialmente e em seguida o valor da taxa para calcularmos o VPL. Na mesma sequência, calculamos a TIR (IRR).

Utilizando a HP12C.

Valor do VPL	
Valores	**HP12C**
0	g (CFo)
1.000	(CF$_j$)
1.250	g (CF$_j$)
3	g(Nj)
1.800	g (CF$_j$)
5,3	i
f NPV	5.554,68

Valor da TIR	
Valores	**HP12C**
-5.000 CHS	g (CFo)
1.000	(CF$_j$)
1.250	g (CF$_j$)
3	g(Nj)
1.800	g (CF$_j$)
f (IRR)	2,76

d) Calculando o Valor Presente Líquido:

MATEMÁTICA FINANCEIRA

Buscamos a função VPL usando as ferramentas: Inserir – Função (f_x) - Financeira – VPL. São solicitados os dois argumentos da função que são a taxa e os valores do fluxo. Observe que não incluímos os valores do investimento, conforme a figura a seguir.

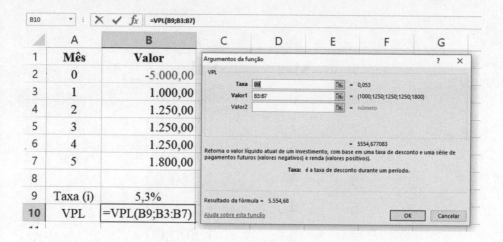

Teremos então a janela no Excel indicada na figura a seguir.

e) Cálculo da Taxa Interna de Retorno (TIR):

Para o cálculo da TIR seguimos o mesmo procedimento anterior, mas escolhendo a função TIR, como indicado na próxima figura.

B11		A	B
			=TIR(B2:B7)
1		**Mês**	**Valor**
2		0	-5.000,00
3		1	1.000,00
4		2	1.250,00
5		3	1.250,00
6		4	1.250,00
7		5	1.800,00
8			
9		Taxa (i)	5,3%
10		VPL	5.554,68
11		TIR	8,93%

f) Gráfico da função Valor Presente Líquido:

A função $VPL(i) = F(i)$, como definida anteriormente, pode ter o seu gráfico construído no Excel para diferentes valores da taxa (i), como na figura a seguir.

Taxa	VPL
0%	1.550,00
2%	1.144,88
4%	776,45
6%	440,60
8%	133,73
10%	-147,28
12%	-405,16
14%	-642,29

Em seguida, construímos o seu gráfico, veja a figura a seguir.

Gráfico de VPL(i) = $F(i)$

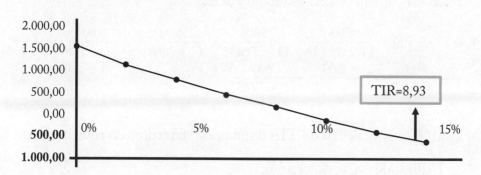

Exemplo 2

Um equipamento que custa $3.500,00 será pago em 7 prestações mensais, a saber: as 3 primeiras de $500,00, mais 3 de $600,00, e a sétima no valor de $800,00. Determine a taxa de juros efetiva cobrada no financiamento.

Solução:

Considere o fluxo de caixa:

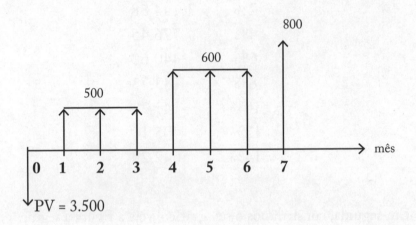

O cálculo da TIR consiste na solução da equação a seguir, que será resolvida com a HP12C usando o Excel:

$$0 = -3.500 + \frac{500}{(1+TIR)^1} + \frac{500}{(1+TIR)^2} + \frac{500}{(1+TIR)^3} + \frac{600}{(1+TIR)^4}$$
$$+ \frac{600}{(1+TIR)^4} + \frac{600}{(1+TIR)^4} + \frac{800}{(1+TIR)^5}$$

a) A taxa a calcular é a TIR da empresa vendedora do equipamento.

Utilizando o Excel, teremos:

MATEMÁTICA FINANCEIRA

	A	B
		B14 ▾ : ✕ ✓ *fx* =TIR(B2:B9)
	A	**B**
1	**Mês**	**Valor**
2	0	- 3.500,00
3	1	500,00
4	2	500,00
5	3	500,00
6	4	600,00
7	5	600,00
8	6	600,00
9	7	800,00
14	TIR	3,82%

Usando a HP 12 C, encontramos o mesmo valor, ou seja, TIR = 3,82%.

	HP12C
-3.500 CHS	$g\ (CF_0)$
500	$g\ (CF_j)$
3	$g\ (N_j)$
600	$600\ g\ (CF_j)$
3	$g\ (N_j)$
800	$g\ (CF_j)$
f (IRR)	3,82%

Exemplo 3

Depositarei na minha conta remunerada $300,00 ao mês nos próximos 3 primeiros meses e $600,00 no 6º mês. Sabendo que a taxa de remuneração tem o valor 2% a.m., quanto terei que depositar no 4º e no 5º mês para obter o valor de $1.837,05 no presente momento?

Solução:

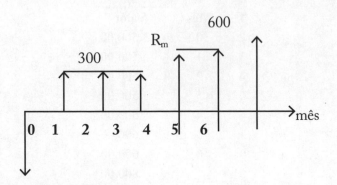

Na equação (1), temos:

$$1.837{,}05 = 300 \cdot \frac{(1+0{,}02)^3 - 1}{(1+0{,}02)^3 \cdot 0{,}02} + \frac{Rm}{(1+0{,}02)^2} + \frac{Rm}{(1+0{,}02)^3} + \frac{600}{(1+0{,}02)^4}$$

Ou seja

$$1.837{,}50 = 300 \cdot \frac{(1+0{,}02)^3 - 1}{(1+0{,}02)^3 \cdot 0{,}02} + Rm \cdot \frac{(1+0{,}02)^2 - 1}{(1+0{,}02)^2 \cdot 0{,}02} \cdot \frac{1}{(1+0{,}02)^3} + \frac{600}{(1+0{,}02)^6}$$

$$1.837{,}50 = 865{,}16 + Rm \cdot 1{,}94 \cdot 0{,}94 + 532{,}78$$

Teremos, então:

$Rm = 245{,}97$

Exemplo 4

Uma loja de eletrodomésticos anuncia: "Vendas em quatro parcelas mensais sem juros." As parcelas são iguais e sucessivas a partir do 30º dia da data de venda. Determine o percentual de acréscimo que essa loja tem de aplicar nos seus preços à vista para que possa obter uma remuneração efetiva de 2,5% a.m. nos seus financiamentos e poder fazer o anúncio.

MATEMÁTICA FINANCEIRA

Solução:

Utilizando a HP12C, para um valor do bem igual a 100, teremos

	Tecla HP12C
100 CHS	PV
4	n
2,5	i
PMT	28,26
4	x
	106,33
-100	6,33%

A loja precisa acrescentar 6,33% ao seu preço à vista.

FINANCIAMENTO IMOBILIÁRIO

Do ponto de vista macroeconômico, o setor imobiliário é um dos segmentos importantes da economia nacional pela sua capacidade de gerar emprego e renda. Atualmente, o deficit habitacional brasileiro está em torno de 7,9 milhões de moradias em todo o país, o que corresponde a cerca de 15% do total de domicílios. Historicamente, a primeira iniciativa brasileira de criação de uma política habitacional de abrangência nacional com objetivos e metas definidos, fontes de recursos permanentes e mecanismos próprios de financiamento ocorreu em 1964, com a edição da lei nº 4.380/64. Essa lei instituiu o Sistema Financeiro de Habitação (SFH), o Banco Nacional da Habitação (BNH) e a correção monetária nos contratos imobiliários de interesse social, dentre outras medidas. Posteriormente, para a aquisição de um bem imobiliário, tivemos a criação do Sistema Financeiro Imobiliário (SFI), instituído pela Lei nº 9.514/97.

CONQUISTANDO SEU FUTURO FINANCEIRO

Atualmente, há dois importantes planos de financiamento para esses sistemas, que são usados pelo setor bancário e órgãos públicos de financiamento imobiliário: o Sistema Francês de Financiamento, conhecido como Sistema Price, e o Sistema de Amortização Constante (SAC). Eles diferem, basicamente, na forma de amortização da dívida adquirida e no cálculo dos pagamentos das prestações periódicas.

Não trataremos, no nosso contexto, das características jurídicas dos contratos de financiamento e das taxas que são estabelecidas pelos agentes financeiros no ato da contratação do financiamento.

Para melhor compreensão dos termos utilizados em empréstimos e amortizações, apresentaremos a seguir as definições de alguns desses termos e a sua simbolização utilizada nos cálculos que faremos nos exemplos explicativos:

1. **Mutuante ou credor:** aquele que dispõe do dinheiro e concede o empréstimo.

2. **Mutuário ou devedor:** aquele que recebe o empréstimo.

3. **Principal (PV):** é o valor do imóvel a ser financiado.

4. **Prestações (PMT):** são os valores (parcelas) periódicos de devolução do capital emprestado.

5. **Saldo devedor (S_d):** é o valor da dívida do empréstimo existente no momento do pagamento de uma prestação.

6. **Taxa de juros (i):** é a taxa definida entre as partes no ato da contratação. Nos dois sistemas que estudaremos, os juros sempre são calculados sobre o saldo devedor no momento do pagamento da prestação.

MATEMÁTICA FINANCEIRA

7. **Prazo ou tempo de financiamento (*n*):** corresponde ao período de tempo durante o qual o empréstimo é repassado pelo credor para o devedor.

8. **Amortização (*AMORT*):** é o valor que é abatido do saldo devedor existente no momento do pagamento da prestação.

SISTEMA COM PRESTAÇÕES CONSTANTES – SISTEMA PRICE

As principais características do Sistema Price são:

I) As prestações são constantes e seu valor é calculado pela fórmula:

$$PMT = \frac{PV}{a_{(n,i\%)}} \qquad (^{***})$$

Ou seja

$$PV = PMT \cdot a_{(n,i\%)}$$

II) A prestação é igual à soma dos Juros com o valor da amortização, ou seja:

$$PMT = Juros + AMORT$$

III) Os juros correspondem ao valor da taxa i aplicada ao saldo (S_d) da dívida no mês anterior.

$$Juros = i \cdot S_{d\,anterior}$$

IV) A amortização é igual à prestação menos os juros.

$$AMORT = PMT - Juros$$

V) O saldo devedor atual equivale ao saldo devedor anterior menos a amortização.

$$S_{d\,atual} = S_{d\,anterior} - AMORT$$

Observação: A demonstração de (***) está no ANEXO 5.

Exemplo 1

Na compra do meu imóvel fiz o financiamento bancário no prazo de 5 meses utilizando a Tabela Price. O valor do imóvel é de $800.000,00 e a taxa de financiamento do banco é de 11% a.a. Qual o valor da prestação e como será o extrato bancário do financiamento, sabendo que as taxas adicionais cobradas pelo banco foram incluídas no valor do imóvel?

Dados: PV = 800.000; n = 5 anos; i = 11% a.a.; PMT = ?

Solução:

Os valores do extrato bancário (em milhares) e o cálculo da prestação na HP12C estão indicados na figura a seguir.

Ano	Saldo Devedor	Amortização	Juros	Prestação		Na HP12C
0	800,00					g (END)
1	671,54	128,46	88,00	216,46		800 CHS (PV)
2	528,96	142,59	73,87	216,46		5 (n)
3	370,69	158,27	58,19	216,46		11 (i)
4	195,01	175,68	40,78	216,46		0 (FV)
5	0,00	195,01	21,45	216,46		PMT = 216,46

Construiremos o extrato bancário do financiamento usando o Excel.

MATEMÁTICA FINANCEIRA

Taxa:	11%	FV	0
NPER:	5	TYPE	0
PV:	800,00	PMT	216,46

Ano	Saldo Devedor	Amortização	Juros	Prestação
0	800,00			216,46
1	671,54	128,46	88,00	216,46
2	528,96	142,59	73,87	216,46
3	370,69	158,27	58,19	216,46
4	195,01	175,68	40,78	216,46
5	0,00	195,01	21,45	216,46

As fórmulas nas células do extrato são mostradas na figura a seguir.

Taxa:	11%	FV:	0
NPER:	5	TYPE:	0
PV:	-800	PMT:	=PAGO(C13;C14;C15)

Ano	Saldo Devedor	Amortização	Juros	Prestação
0	=(-1)*C15			
=+B18+1	=C18-D19	=F19-E19	$C$13*C18	=$E$15
=+B19+1	=C19-D20	=F20-E20	$C$13*C19	=$E$15
=+B20+1	=C20-D21	=F21-E21	$C$13*C20	=$E$15
=+B21+1	=C21-D22	=F22-E22	$C$13*C21	=$E$15
=+B22+1	=C22-D23	=F23-E23	$C$13*C22	=$E$15

Também podemos construir o extrato bancário usando a HP12C, como na figura seguinte.

1 (f) AMORT	88,00	Juros no 1º ano
(X < > Y)	128,46	Amortização no 1º ano
(RCL) PV	671,54	Saldo devedor no 1º ano
1 (f) AMORT	73,87	Juros no 2º ano
(X < > Y)	142,59	Amortização no 2º ano
(RCL) PV	528,96	Saldo devedor no 2º ano
1 (f) AMORT	58,19	Juros no 3º ano
(X < > Y)	158,27	Amortização no 3º ano
(RCL) PV	370,69	Saldo devedor no 3º ano
1 (f) AMORT	40,78	Juros no 4º ano
(X < > Y)	175,68	Amortização no 4º ano
(RCL) PV	195,01	Saldo devedor no 4º ano
1 (f) AMORT	21,45	Juros no 5º ano
(X < > Y)	195,01	Amortização no 5º ano
(RCL) PV	0,00	Saldo devedor no 5º ano

Caso queiramos verificar os valores dos juros acumulados nos 3 primeiros anos, faremos como a seguir:

Na HP12C
g (End)
800 CHS (PV)
5 (n)
11 (i)
0 (FV)
PMT=216,46

MATEMÁTICA FINANCEIRA

1 (f) AMORT	Juros dos anos 1, 2, 3
(X < > Y)	Amortização dos 1, 2, 3
(RCL) PV	Saldo Devedor no 3º ano

SISTEMA COM AMORTIZAÇÃO CONSTANTE (SAC)

Consiste na amortização de uma dívida em prestações periódicas, sucessivas e decrescentes. As principais características do Sistema com Amortização Constante são:

I) O valor da amortização do financiamento é constante durante todo o período de financiamento e seu valor é calculado pela fórmula:

$$AMORT = \frac{PV}{n}$$

II) O saldo devedor atual é igual ao saldo devedor anterior menos a amortização.

$$S_{d\,atual} = S_{d\,anterior} - AMORT$$

III) Os juros correspondem ao valor da taxa i aplicada ao saldo (S_d) da dívida no período anterior.

$$Juros = i \cdot S_{d\,anterior}$$

IV) A prestação é igual à soma dos juros com o valor da amortização, ou seja:

$$PMT = Juros + AMORT$$

Exemplo 1

Faremos o exemplo do Gráfico 1 do Capítulo 3 (página 46) no Excel usando o Sistema de Amortização Constante (SAC).

CONQUISTANDO SEU FUTURO FINANCEIRO

Solução:

Taxa de juros:	11%	Principal:	800,00
Prazo de amortização:	5	Amortização:	160

Ano	Saldo Devedor	Prestação	Juros	Amortização
0	800,00			
1	640,00	248,00	88,00	160,00
2	480,00	230,40	70,40	160,00
3	320,00	212,80	52,80	160,00
4	160,00	195,20	35,20	160,00
5	0,00	177,60	17,60	160,00

As fórmulas nas células são mostradas na figura a seguir.

Taxa de juros:	0,11	Principal:	800
Prazo de amortização:	5	Amortização:	= G11/E12

Ano	Saldo Devedor	Prestação	Juros	Amortização
0	=G11			
=C17+1	=D17-G18	=F18+G18	=$E$11*D17	=$G$12
=C18+1	=D18-G19	=F19+G19	=$E$11*D18	=$G$12
=C19+1	=D19-G20	=F20+G20	=$E$11*D19	=$G$12
=C20+1	=D20-G21	=F21+G21	=$E$11*D20	=$G$12
=C21+1	=D21-G22	=F22+G22	=$E$11*D21	=$G$12

MATEMÁTICA FINANCEIRA

Aplicações complementares

1. Um imóvel pode ser vendido por $200,00 à vista ou com uma entrada de 30%, mais 36 parcelas mensais, com a primeira se iniciando 1 mês após a assinatura do contrato. Se as taxas adicionais estão incluídas no valor do imóvel e a taxa de financiamento é de 0,8% a.m., calcule o valor da prestação considerando:

   a. O financiamento feito pela Tabela Price.

   b. O financiamento feito pelo Sistema de Amortização Constante (SAC).

2. Construa a planilha de amortização do financiamento para os itens a e b.

3. No exercício anterior, suponha que haja um período de carência de três meses e que, nesse intervalo de tempo, os juros a serem pagos mensalmente sejam incorporados ao valor imóvel. Se a primeira prestação é paga um mês após a carência, calcule o valor da prestação, considerando:

   a. O financiamento feito pela Tabela Price.

   b. O financiamento feito pelo Sistema de Amortização Constante (SAC).

4. Construa a planilha de amortização do financiamento para os itens a e b.

5. Na aquisição de um imóvel no valor de $150.000,00 foi exigida uma entrada de $30.000,00 mais a parcela intermediária de $15.000,00 no terceiro mês da carência de 5 meses. O financiamento em 36 parcelas mensais foi solicitado ao banco A,

que operava com a taxa de financiamento de 0,5% a.m., sendo a primeira prestação paga ao fim da carência, com os juros e a parcela intermediária incorporados ao valor do imóvel. Calcule o valor da prestação e construa a planilha de amortização do financiamento nos seguintes casos:

a. O financiamento feito pela Tabela Price.

b. O financiamento feito pelo Sistema de Amortização Constante (SAC).

6. Um imóvel no valor de $130.000,00 foi financiado pelo banco B com uma entrada de $30.000,00 mais 60 parcelas mensais, a primeira um mês após a assinatura do contrato. Sendo a taxa de financiamento de 0,5% a.m., calcule o valor das prestações e construa a planilha de amortização do financiamento nos seguintes casos:

a. O financiamento feito pela Tabela Price.

b. O financiamento feito pelo Sistema de Amortização Constante (SAC).

TÍTULOS PÚBLICOS

Com o objetivo de equilibrar as contas públicas, uma das principais preocupações dos formuladores das políticas econômicas dos governos é, geralmente, o controle da base monetária do país. Com este fim, em alguns momentos o governo federal lança os títulos públicos no mercado utilizando-se do Tesouro Direto, que é um Programa do Tesouro Nacional desenvolvido em parceria com a B3 (atual Bolsa de Valores do Brasil) para a venda online de títulos públicos federais para pessoas físicas e jurídicas. O Tesouro Direto é uma forma de investimento com diferentes tipos de rentabilidade, prazos de vencimento e fluxos de remuneração. Os títulos públicos podem ser:

a. **Prefixados:** sabe-se exatamente a rentabilidade e quanto se receberá na data de vencimento do título.

b. **Pós-fixados:** a rentabilidade da aplicação é baseada na taxa Selic ou na taxa de inflação medida pelo IPCA. Há também títulos cuja rentabilidade é baseada em uma parte fixa (pre-fixada) e uma parte atrelada à variação da inflação, medida pelo IPCA.

A - Títulos Prefixados

a. Tesouro Prefixado (Letra do Tesouro Nacional — LTN).

b. Tesouro prefixado com juros semestrais (Letra do Tesouro Nacional tipo F — LTN-F).

B - Títulos Pós-fixados

a. Tesouro Selic (Letra Financeira do Tesouro — LFT).

b. Tesouro IPCA+ com Juros Semestrais (Nota do Tesouro Nacional tipo B — NTN-B).

c. Tesouro IPCA+ (NTN-B).

No contexto deste livro não analisaremos a engenharia financeira de cada um deles. No site do Tesouro Direto (https://www.tesourodireto.com.br) é possível acessar a explicação de como os cálculos são feitos.

Letra do Tesouro Nacional (LTN)

A LTN é um título de responsabilidade do Tesouro Nacional emitido para a cobertura de deficit orçamentário exclusivamente sob a forma escritural no Sistema Especial de Liquidação e de Custódia (Selic). O Selic é uma infraestrutura do mercado financeiro brasileiro administrada pelo Banco Central do Brasil, que se destina à custódia de títulos escriturais de emissão do Tesouro Nacional, bem como ao registro e à liquidação de operações com esses títulos.

Características principais

- **Rendimento:** prefixado por meio de deságio sobre o preço unitário (PU) obtido a partir da Taxa Interna de Retorno (TIR) que o comprador queira ganhar e normalmente calculada pelo operador chefe da mesa de Open da Instituição Financeira.

- **Valor nominal:** cada título lançado pelo Tesouro Direto tem o seu PU, que é o preço correspondente a uma unidade monetária e é calculado em regime de juros compostos na base anual com 252 dias úteis.

- **Negociação primária:** nos leilões formais, é quando as instituições credenciadas fazem suas ofertas, enviando propostas contendo apenas o PU desagiado com seis casas decimais e a quantidade de títulos que desejam, sempre um número múltiplo de cinquenta títulos. Nos informais, a partir do correio eletrônico indicando os mesmos dados anteriores.

- **Negociação secundária:** é a realizada operando no mercado com outra instituição financeira credenciada. Nas operações compromissadas — compra com revenda e venda com re-

MATEMÁTICA FINANCEIRA

compra ou operações de financiamento — utiliza-se sempre a taxa anual "Over", tutelada pela taxa Selic. Nas operações definitivas, usa-se o PU projetado pelo operador chefe, que o calcula desagiando o resgate de $1.000,00, de acordo com as taxas vigentes para cada vencimento diferente.

Exemplo 1

Determine a PU de um título com vencimento nos próximos 65 dias úteis sabendo-se que a taxa de remuneração do título é de 13% a.a.

Solução:

$$PU = \frac{1.000}{(1 + 0,13)^{65/252}} = 968,97$$

Exemplo 2

Uma corretora comprou um lote de LTNs no valor de $910.000,00 com prazo de vencimento de 95 dias úteis. Qual o preço de compra, sabendo que a taxa de remuneração do título é igual a 12% a.a.?

Solução:

$$\text{Preço de compra} = 910.000 \cdot PU = \frac{910.000}{(1 + 0,12)^{95/252}} = 871.940,75$$

Exemplo 3

A LTN 011003, com data de vencimento em 01/10/2003 e valor nominal no resgate igual a $1.000,00 foi adquirida em 20/03/2003. Sabendo que ela foi liquidada em 21/03/2003 e que a taxa anual de remuneração é de 27,33%, calcule o seu preço de compra.

Solução:

Dias úteis entre 21/03/2003 e 01/10/2003: 134.

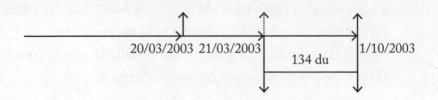

Preço de compra = $1.000 \cdot PU = \dfrac{1.000}{(1 + 0{,}2733)^{134/252}} = 879{,}43$

Preço de Compra: $ 879,43

Letra Financeira do Tesouro Nacional (LFT)

É um papel pós-fixado do Tesouro vendido em leilão ao mercado. É um título de que o governo sempre lança mão nos momentos delicados do mercado; por exemplo, quando um país de alguma importância para a economia mundial começa a ter problemas que contagiam a credibilidade dos países emergentes, fazendo com que a inflação e a taxa de juros nesses países comecem a subir além de suas oscilações normais, exatamente como aconteceu com a Argentina em julho de 2001, ameaçando o Brasil.

É usual o BACEN lançar os títulos prefixados na intenção de evitar a alta taxa pedida pelo mercado nas ocasiões de crise.

Características principais

Rendimento:

A taxa de remuneração da LFT é obtida a partir da média ponderada do volume total dos financiamentos diários nas operações do Selic e não é exatamente igual à taxa Selic. Por isso, com esse papel é quase impossível perder dinheiro, pois, se o seu custo de carregamento ou de

MATEMÁTICA FINANCEIRA

financiamento, balizado na taxa Selic, sobe, o seu rendimento também, e vice-versa. Com essa forma de remuneração, o papel se torna de interesse para os principais bancos de varejo que compram grandes volumes do título e se financiam junto à clientela a um custo real muito mais baixo do que o rendimento do papel.

- **Valor nominal:** a LFT tem um valor nominal igual a R$1.000,00 na data de emissão, o que o caracteriza como papel de ágio.

- **Negociação primária:** Em leilões formais, as LFTs são ofertadas para liquidação no dia útil seguinte. Como se trata de papel de ágio, a sua negociação primária é feita pelo valor nominal ou com um pequeno ágio, se houver muita procura, ou pequeno deságio, caso contrário.

- **Negociação secundária:** De um modo geral, usando a taxa "Over" anual nos financiamentos e também nas negociações definitivas de compra/venda quando o papel está próximo do seu vencimento.

Cálculo da Rentabilidade

$$Valor\ da\ PU = \frac{1}{(1 + Taxa)^{du/252}}$$

du: dias úteis entre a data de liquidação (inclusive) e a data de vencimento (exclusive)

Taxa: taxa de rentabilidade anual do título.

Fator Selic entre 01/07/2000 e a data de liquidação do título.

VNA: valor nominal atualizado = 1.000 x fator Selic entre 01/07/2000 e a data de liquidação trucado na sexta casa decimal.

Preço de compra = VNA · PU

Exemplo 1

A LFT 180608, com data de vencimento em 18/06/2008, foi comprada em 18/04/2005 e liquidada em 19/04/2005. A taxa de remuneração oferecida é de 0,27% ao ano. Sabendo que o valor na data-base (01/07/2000) é de R$1.000,00 e a taxa meta Selic em 18/04/2005 é de 19,25%, calcule o seu preço de compra.

Solução:

a) Datas da operação

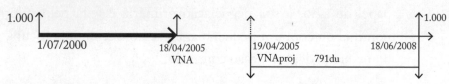

b) da $PU = \dfrac{1}{(1+0{,}0027)^{791/252}} = 0{,}991572$

c) VNA em 18/04/2005 = 1.000 . fator Selic entre 01/07/2000 e 18/04/2005

VNA em 18/04/2005 = 1.000 · (2,270735459) = 2.270,73459

d) VNA projetado para 19/04/2005:

2.270,735459 · [(1+ 0,1925)$^{(1/252)}$] = 2.272,322391

e) Preço do título = 2.272,322391 · (0,991572) = 2.253,17

Exemplo 2

A NTN-B 150806 foi comprada em 12/09/2003 e liquidada em 15/09/2003. O valor do título na data-base (15/07/2000) é de

MATEMÁTICA FINANCEIRA

R$1.000,00 e a data de vencimento ocorreu em 15/08/2006. Sendo a taxa oferecida igual 10,79% a.a., calcule o seu preço de compra.

Solução:

a) Datas da operação:

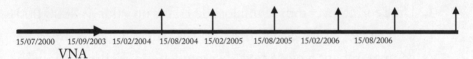

VNA

b) Valor nominal atualizado em 15/09/2003:

VNA* = R$1.000 · variação do IPCA entre 15/07/2000 e 15/09/2003

VNA* = R$1.000 · (1,354492078) = R$1.354,492078

Tendo em vista que a data de liquidação é o dia 15/09/2003, não há necessidade de projeção do IPCA.

c) Valor da PU = Cotação do título

$$\text{Cotação} = \left[\frac{(1,06)^{0,5} - 1}{(1 + 0,1079)^{\frac{108}{252}}}\right] + \left[\frac{(1,06)^{0,5} - 1}{(1 + 0,1079)^{\frac{233}{252}}}\right] + \left[\frac{(1,06)^{0,5} - 1}{(1 + 0,1079)^{\frac{358}{252}}}\right]$$

$$+ \left[\frac{(1,06)^{0,5} - 1}{(1+0,1079)^{\frac{484}{252}}}\right] + \left[\frac{(1,06)^{0,5} - 1}{(1+0,1079)^{\frac{612}{252}}}\right] + \left[\frac{(1,06)^{0,5} - 1}{(1+0,1079)^{\frac{735}{252}}}\right] + \left[\frac{1}{(1+0,1079)^{\frac{735}{252}}}\right] = 0,89166273$$

Preço de compra do título:

1.354,492078 · 0,89166273 = R$1.207,75

Calculando no Excel teremos:

	Datas	Dias úteis	Dias úteis/252	Cupom
Cotação	15/09/2003			
1º cupom	15/02/2004	108	0,428571429	0,02829287
2º cupom	15/08/2004	233	0,924603175	0,02689078
3º cupom	15/02/2005	358	1,420634921	0,02555816
4º cupom	15/08/2005	484	1,920634921	0,02428172
5º cupom	15/02/2006	612	2,428571429	0,02305026
6º cupom	15/08/2006	735	2,916666667	0,02192580
Resgate	15/08/2006	735	2,916666667	0,74166314

211

Cotação	0,89166273			
Preço de compra	1.207,75			

Aplicações complementares

1. Uma corretora comprou um lote de LTNs no valor de $800.000 com prazo de vencimento de 90 dias úteis. Qual o preço de compra, sabendo que a taxa de remuneração do título é igual a 14% a.a.?

2. A LTN 011004, com dada de vencimento em 05/11/2005 e valor nominal no resgate igual a $1.000,00, foi adquirida em 20/04/2005. Liquidada em 24/04/2005 e sendo a taxa anual de remuneração de 15%, calcule o seu preço de compra.

3. A LFT- 180609, com data de vencimento em 19/07/2007, foi comprada em 12/05/2006 e liquidada em 15/05/2006. A taxa de remuneração oferecida é de 0,35% ao ano. Sabendo que o valor na data-base (01/07/2000) é de R$1.000,00 e a taxa meta Selic em 12/05/2006 é de 17,35%, calcule o seu preço de compra.

TAXA OVER

Definições

1. **Taxa over:** É a taxa de capitalização (juros compostos) de uma dada aplicação por dia útil (du) e expressa em termos anuais (252 dias úteis), conforme circular 2761 do Banco Central de 18/06/97. A taxa over é muito utilizada nas operações inter-

MATEMÁTICA FINANCEIRA

bancárias com o Certificado de Depósito Interbancário (CDI). A notação usada para taxa over será (T_{ov}).

2. **Taxa over mensal:** Bastante utilizada anteriormente, a taxa over mensal (T_{ovm}), com base em 30 dias corridos (dc), é ainda hoje utilizada em algumas operações no mercado financeiro.

Exemplos

Exemplo 1

O banco 2 recebeu $2.550.000,00 pelo empréstimo de $2.500.000,00 ao banco 1 por meio do CDI no período de 12 dc com 10 du. Calcule: a) a taxa efetiva no período da operação; b) a taxa efetiva por dia corrido; c) a taxa efetiva por dia útil; d) a taxa efetiva anual (252 dias); e) a taxa over mensal; e f) a taxa over anual.

Solução:

PV = 2.000.000; FV = 2.500.000 ; n = 12 dc ; i = ?

a) Taxa efetiva no período:

$$i = \frac{2.550.000}{2.500.000} - 1 = 2\% \ no \ período$$

b) Taxa efetiva por dia corrido:

$$i = (1 + 0,02)^{\frac{1}{12}} - 1 = 0,17 \% \ efetiva \ por \ dia \ corrido$$

c) Taxa efetiva por dia útil:

$$i = (1 + 0,02)^{10} - 1 = 0,19 \% \ por \ dia \ útil$$

d) Taxa efetiva anual (252 dias):

$$i = (1 + 0,0017)^{252} - 1 = 53,42\% \ é \ a \ taxa \ efetiva \ anual$$

e) Taxa over mensal:

$$i = 0,19 \times 30 = 5,70\% \text{ é a } \textit{taxa over mensal}$$

f) taxa over anual

$$i = (1 + 0,0019)^{252} - 1 = 62,34\% \text{ é a } \textit{taxa over anual} \text{ (252 du)}$$

Exemplo 2

Um hot money com duração de 40 dias foi contratado à taxa anual efetiva de 7% a.a. Se durante esse prazo houve 30 dias úteis, calcule: a) a taxa efetiva mensal (30 dias); b) a taxa por dia útil; c) a taxa over mensal; d) a taxa over anual.

Solução:

Dados: taxa over = 2,1% a.m.; dias corridos (dc) = 40 dias;

dias úteis (du) = 30; $PV = \$100.000$, $S = ?$

a) Taxa efetiva mensal

$i_m = (1 + 0,07)^{\frac{1}{12}} - 1 = 0,565\%$ taxa efetiva mensal

b) $i_{du} = (1 + 0,00565)^{\frac{1}{30}} - 1 = 0,0188\%$ por dia útil

c) $Tov_m = 0,0188 \cdot 30 = 0,563\%$ a.m.

d) $Tov_a = (1 + 0,000188)^{252} - 1 = 4,851\%$ a.a.

Exemplo 3

Em uma aplicação de \$220.000,00 pelo prazo de 40 dias corridos correspondentes a 34 dias úteis, foram resgatados \$235.400,00. Determine o valor da taxa *over* mensal.

Dados: $P = 220.000$; $PV = 235.400$; dc = 40; du = 32; taxa over = ?

MATEMÁTICA FINANCEIRA

$$S = P\left(1 + \frac{taxa\ over}{30}\right)^{du}$$

$$235.400 = 220.000\left(1 + \frac{taxa\ over}{30}\right)^{34}$$

$$\Rightarrow taxa\ over = \left[\left(\frac{235.400}{220.000}\right)^{\frac{1}{34}} - 1\right] \cdot 30 = 5,98\%\ a.m.$$

Exemplo 4

Uma operação interbancária é realizada por 2 dias. As taxas over em cada dia são: 2,2% a.m. e 2,1% a.m. Calcular a taxa efetiva no período e a taxa over média da operação.

$$taxa\ over_1 = \frac{2,2}{30} = 0,07333\%\ a.d.$$

$$taxa\ over_2 = \frac{2,1}{30} = 0,07\%\ a.d.$$

Taxa efetiva no período: $(1,0007333) \cdot (1,0007) - 1 = 0,1434\%$

Taxa média diária: $(1,001434)^{\frac{1}{2}} - 1 = 0,07166\%$ ao dia

Atividades complementares

1. Um empresário aplicou $6.000,00 em um CDB, com um prazo de 62 dc (45du), a uma taxa efetiva prefixada de 15% a.a. (360 dc). Determine:

   a. o valor de resgate bruto

   b. a taxa over mensal

   c. a taxa over anual

2. Uma empresa descontou uma duplicata de $18.000,00, com vencimento em 32 dc (24 du), em um banco que cobra uma

taxa efetiva de desconto comercial (por fora) simples de 36% a.a. (360 dc). Determine:

a. a taxa efetiva no período

b. as taxas over mensal e anual do financiamento

3. Uma empresa, enfrentando sérias dificuldades de capital de giro, pediu $20.000,00 no hot money por um período de quatro dias. As taxas over mensais nesses quatro dias foram 3,82% a.m., 3,93% a.m., 3,95% a.m. e 3,97% a.m. Determine:

a. o valor devido pela loja no final

b. a taxa efetiva da operação

MATEMÁTICA FINANCEIRA

ANEXO 1

A - JUROS SIMPLES

1 - Conceito: Quando o regime é de capitalização simples, os juros obtidos segundo uma certa taxa i de período m são calculados sempre sobre o valor inicial PV da aplicação feita durante um certo tempo N. Sendo assim, o valor futuro da aplicação será dado pela fórmula:

$$FV = PV \cdot (1 + n \cdot i)$$

Demonstração:

Sendo:

PV: valor inicial

i: taxa de período m aplicada sobre o valor presente

N: tempo

n: $\dfrac{N}{m}$ - número de capitalizações da aplicação.

Temos, então:

$PV_1 = PV + PV \cdot i = PV(1 + i) \rightarrow \boldsymbol{PV_1 - PV = PV \cdot i}$ **(a)**

$PV_2 = PV_1 + PV \cdot i = PV(1 + i) + PV \cdot i = PV(1 + 2i) \rightarrow \boldsymbol{PV_2 - PV_1 = PV \cdot i}$ **(b)**

$PV_3 = PV_2 + PV \cdot i = PV(1 + 3i) \rightarrow \boldsymbol{PV_3 - PV_2 = PV \cdot i}$ **(c)**

Generalizando:

$PV_n = PV_{n-1} + PV \cdot i \rightarrow \boldsymbol{PV_n - PV = PV_{n-1} = PV \cdot i}$ **(d)**

Teremos, então:

$PV_n = PV_{n-1} + PV \cdot i = PV(1 + (n - 1)i) + PV \cdot i = PV[1 + (n - 1)i + i] = PV \cdot (1 + n \cdot i) = FV$

Ou seja, a fórmula geral é: $FV = PV \cdot (1 + n \cdot i)$

Afirmativas

Afirmativa 1: os valores do capital obtidos com a aplicação no regime de juros simples têm crescimento linear.

De fato, considere a fórmula geral no regime de juros simples:

$$FV = PV \cdot (1 + n \cdot i)$$

Podemos escrever: $FV = PV + PV \cdot i \cdot n$

Comparando com a equação geral da reta: $Y = A + B \cdot X$, em que A e B são constantes reais (n^{os} reais), podemos identificar:

$A = PV$; $B = PV \cdot i$; e $n = X$ (variável).

Ou seja, a fórmula geral é representada geometricamente por uma reta.

Afirmativa 2: A sequência $\{PV_i\}$; $i = 1, 2, \ldots\ldots$ n tem crescimento segundo uma progressão aritmética (PA).

De fato, nas igualdades (a), (b), (c) e (d) anteriores observamos que

$PV_n - PV_{n-1} = PV \cdot i$

Onde $n \in N = 1, 2, \ldots\ldots$ n, ...

O que nos mostra que os valores $\{PV_i\}$ formam uma PA.

A seguir temos o gráfico da reta $FV = PV + PV \cdot i \cdot n$

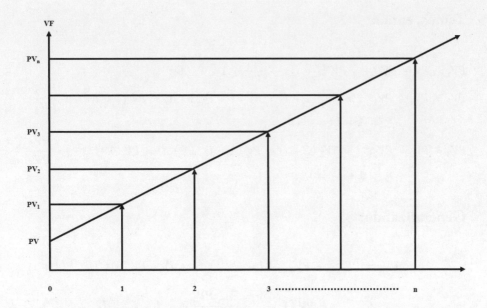

B – JUROS COMPOSTOS

Conceito: No regime de juros compostos, o juro obtido em cada período é acrescido ao capital do período anterior para o cálculo do juro no período seguinte. Desta forma, os juros são também capitalizados e então teremos cálculos de juros sobre juros. Sendo assim, o valor futuro *VF* de uma aplicação inicial *VP* segundo uma taxa *i* com período *m*, aplicado em um certo tempo *N*, será igual a:

$$VF = VP(1 + i)^n$$

Demonstração:

Sendo:

PV: valor inicial

i: taxa de período *m* aplicada sobre o valor presente

N: tempo

n: $\dfrac{N}{m}$ - número de capitalizações da aplicação.

Temos, então:

$$PV_1 = PV + PV * i = PV(1 + i) \rightarrow \frac{PV_1}{PV} = 1 + i \quad \textbf{(a)}$$

$$PV_2 = PV_1 + PV_1 * i = PV_1(1 + i) = PV(1 + i)(1 + i) = PV(1 + i)^2 \rightarrow \frac{PV_2}{PV_1}$$

$$= 1 + i \quad \textbf{(b)}$$

$$PV_3 = PV_2 + PV_2 * i = PV_2(1 + i) = PV(1 + i)^2(1 + i) = PV(1 + i)^3 \rightarrow \frac{PV_3}{PV_2}$$

$$= 1 + i \quad \textbf{(c)}$$

Generalizando:

$$PV_n = PV_{n-1} + PV_{n-1} * i = PV_{n-1}(1 + i) = PV(1 + i)^{n-1}(1 + i)$$

$$= PV(1 + i)^n \rightarrow \frac{PV_n}{PV_{n-1}} = 1 + i \quad \textbf{(d)}$$

Ou seja, a fórmula geral é: $FV = PV \cdot (1 + i)^n$

Afirmativas

Afirmativa 1: os valores do capital obtidos com a aplicação no regime de juros compostos têm crescimento exponencial.

De fato, dada a fórmula geral no regime de juros compostos:

$$FV = PV \cdot (1 + i)^n$$

Comparando com a equação geral da função exponencial

$$Y = A \cdot (i + i)^X$$

em que A é uma constante real (nº real), podemos identificar:

$A = PV$; a base é $(i + i) > 1$; e $n = X$ (variável).

Ou seja, a fórmula geral é representada geometricamente por uma função exponencial de base maior que 1, conforme mostra o gráfico adiante:

Afirmativa 2

A sequência $\{PV_i\}$; i = 1, 2, ... n tem crescimento segundo uma progressão geométrica (PG).

De fato, nas igualdades (a), (b), (c) e (d), observamos que

$$\frac{PV_n}{PV_{n-1}} = 1 + i$$

em que n ∈ N = 1, 2, ..., ... n

O que nos mostra que os valores $\{PV_i\}$ formam uma progressão geométrica (PG).

Neste gráfico, temos a função exponencial $FV = PV \cdot (1 + i)^n$.

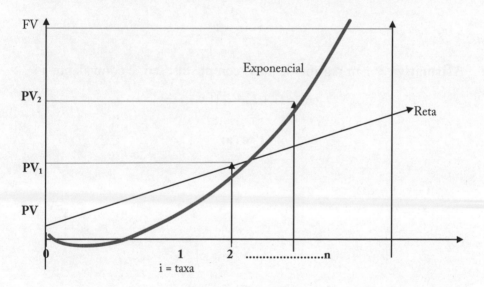

Observe que, para valores de n, em que 0 < n < 1, os valores na reta são maiores do que os valores na exponencial. Ou seja, para esses valores de n, o crescimento do capital obtido no regime de juros simples é maior do que o obtido no regime de juros compostos.

ANEXO 2

TAXAS EQUIVALENTES - JUROS COMPOSTOS

Afirmativa 1 - Em regime de juros compostos, se i_1 é equivalente a i_2, então i_1 é proporcional a i_2, e a recíproca é verdadeira.

Demonstração:

$$i_1 \approx i_2 \; < = > \; FV = PV\left(1 + \frac{N}{n_1} \cdot i_1\right) = PV\left(1 + \frac{N}{n_2} \cdot i_2\right) < = >$$

$$< = > \; \frac{N}{n_1} i_1 = \frac{N}{n_2} i_2 \; < = > \; \frac{i_1}{n_1} = \frac{i_2}{n_2} \; < = > \; \frac{i_1}{i_2} = \frac{n_1}{n_2}$$

$$< = > \; i_1 \sim i_2$$

Afirmativa 2: Em regime de juros compostos, se i_1 é equivalente a i_2,

$$\text{então } (1 + i_1)^{n_2} = (1 + i_2)^{n_1}$$

Prova:

Taxa Período
$i_1 \_\_ n1$
$i_2 \_\_ n_2$

N

FV

(i_1, n_1)

PV (i_2, n_2)

Se i1 $\approx$ i2 *então* $(1 + i_1)^{n_2} = (1 + i_2)^{n_1}$
Prova:

$$(\text{i1} \approx \text{i2}) \Rightarrow F_v = P_v(1 + i_1)^{N/n_1} = P_v(1 + i_2)^{N/n_2} \Rightarrow$$

$$\Rightarrow (1 + i_1)^{N/n_1} = (1 + i_2)^{N/n_2} \Rightarrow (1 + i_1)^{1/n_1} = (1 + i_2)^{1/n_2} \Rightarrow$$

$$\Rightarrow \left\{(1 + i_1)^{1/n_1}\right\}^{n_1 \times n_2} = \left\{(1 + i_2)^{1/n_2}\right\}^{n_1 \times n_2}$$

$$Logo \; (1 + i_1)^{n_2} = (1 + i_2)^{n_1}$$

ANEXO 3

Uso das ferramentas do Excel

Introdução

O avanço da informática permitiu a construção de softwares que são utilizados nos cálculos em diversas áreas das ciências, em particular na matemática. Antes, a matemática financeira se utilizava apenas da HP12C para a resolução dos seus problemas — posteriormente passou a usar o Lotus como instrumento de cálculo. Hoje temos o software Excel do grupo Office da Microsoft sendo bastante utilizado no uso pessoal e acadêmico para a organização e solução dos problemas na área financeira, em particular na matemática financeira. O Excel nos permite controlar um conjunto de valores numéricos e construir gráficos, cuja leitura nos permite analisar e compreender uma série de informações. Os tópicos teóricos da matemática financeira que foram discutidos na obra serão desenvolvidos e seus exemplos de aplicação serão explicados e calculados também nas planilhas do Excel a partir dos dados fornecidos.

A metodologia de uso do Excel nas resoluções dos problemas expostos nos exemplos se dará por meio da identificação dos operadores e funções da matemática financeira com as ferramentas do Excel disponíveis na planilha e que, em seguida, serão usadas nos cálculos.

Estrutura da planilha do Excel

A planilha do Excel se apresenta no formato exposto na figura seguinte, na qual identificamos, no topo, o menu de funcionalidades; abaixo dele, uma barra de ferramentas que pode ter seu formato alterado. A planilha se apresenta na forma de uma matriz com as linhas dispostas na posição horizontal e sequenciadas pelos números (1, 2, 3, 4...) do lado esquerdo da planilha, enquanto as colunas, verticais, são indicadas pelas letras do alfabeto (A, B, C...). Na interseção de uma linha com uma coluna obtemos uma célula do Excel, que para nosso exemplo é a célula B3, indicando que ela ocupa a coluna B e a linha 3.

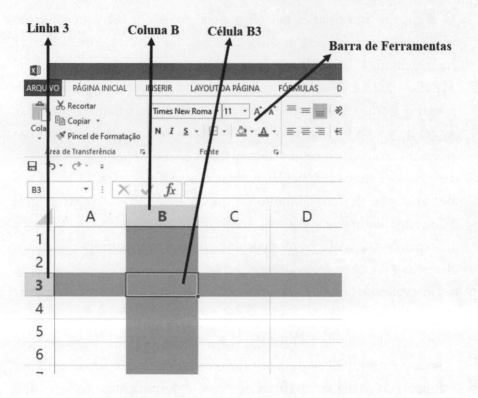

Fórmulas

As operações básicas da aritmética que aparecem nos exemplos do nosso texto podem ser resolvidas usando as funções especiais do Excel. Algumas, como adição, subtração, multiplicação, divisão e exponenciação podem ser digitadas diretamente com o símbolo = antes que se indique a operação. Por exemplo, a fórmula = A5+A6+A7 indica

MATEMÁTICA FINANCEIRA

a soma dos valores que estão nas células A5, A6 e A7. Essa mesma soma pode ser executada usando a função SOMA do Excel, ou seja, = SOMA(A5:A7).

As funções matemáticas e estatísticas, bem como outras funções do Excel, podem ser encontradas na barra de tarefas "FÓRMULAS", no botão "inserir função". Nesta obra, as principais operações usarão a função financeira.

Principais funções financeiras

As principais funções financeiras estão apresentadas na tabela a seguir:

Função	Configuração	Processamento
VF	(taxa; nper; pgto; vp; tipo)	Calcula o valor futuro de um investimento dado por uma anuidade de modelo básico.
VP	(taxa; nper; pgto; vf; tipo)	Calcula o valor presente de um fluxo de caixa.
TAXA	(nper; pgto; vp; vf; tipo; estimativa)	Calcula a taxa de juros de um investimento.
PGTO	(taxa; nper; vp; vf; tipo)	Calcula a prestação de uma anuidade de modelo básico.
TIR	(valores; estimativa)	Calcula a Taxa Interna de Retorno de um fluxo de caixa.
VPL	(taxa; valor1; valor2;...)	Calcula o valor líquido atual de um fluxo de caixa segundo uma determinada taxa.
NPER	(taxa; pgto; vp; vf; tipo)	Calcula o número de períodos de uma anuidade de modelo básico.

ANEXO 4

UTILIZAÇÃO DA CALCULADORA HP12C

INTRODUÇÃO

Utilizaremos a calculadora HP12C nos cálculos feitos nos exemplos e também na solução dos exercícios complementares do nosso texto. Neste resumido manual veremos como utilizar as principais ferramentas que podem ser utilizadas nas operações básicas.

OPERAÇÕES BÁSICAS

Memórias temporárias (X, Y, Z e T)

A calculadora HP12C dispõe de quatro memórias temporárias (X, Y, Z e T), que funcionam como se fossem depósitos temporários.

$$X \to Y \to Z \to T$$

a) A memória X é aquela cujo conteúdo está aparecendo no visor.

b) Todas as operações aritméticas são efetuadas apenas com os conteúdos das memórias X e Y.

c) Os conteúdos das memórias do tambor são movimentados nos seguintes casos:

- Quando os valores são colocados dentro da máquina por meio da tecla.

- Quando são efetuadas operações aritméticas por meio das teclas

MATEMÁTICA FINANCEIRA

- Quando as teclas R↓ ou X><Y forem acionadas.

A tecla Enter

Quando um número é digitado, ele imediatamente ocupa a memória X, que é a única cujo conteúdo aparece no visor.

Ao acionarmos a tecla ENTER desencadeiam-se as seguintes transferências de valores entre as memórias:

- O conteúdo de X (visor) é transferido para Y e mantido em X.
- O conteúdo de Y é transferido para Z.
- O conteúdo de Z é transferido para T.
- O conteúdo de T desaparece.

Assim, o valor digitado após acionarmos a tecla ENTER passa a ser o conteúdo das memórias X e Y.

A tecla X<->Y

Esta tecla, ao ser acionada, permuta os conteúdos das memórias X e Y, mantendo as memórias Z e T sem qualquer modificação.

As teclas CHS e CLx

A tecla CHS troca o sinal (*change sign*) do conteúdo da memória X, ou seja, do número que aparece no visor.

A tecla CLx limpa apenas a memória X (*clear X*), ou seja, coloca zeros no visor. Para limpar as quatro memórias X, Y, Z e T, é necessário apertarmos consecutivamente as teclas:

$$\boxed{\text{R}} \quad \boxed{\text{CLX}}$$

As teclas f e g

As teclas da HP12C têm mais de uma função, ou seja, uma mesma tecla pode operar as seguintes funções:

- Função normal, escrita na face superior da tecla.

- Função amarela, escrita no corpo da máquina, na parte superior da tecla.

- Função azul, escrita na face lateral inferior da própria tecla.

Para realizarmos as funções amarelas ou azuis, basta que as teclas f ou g sejam acionadas imediatamente antes de se pressionar a tecla desejada.

A tecla $\boxed{Y^x}$ normalmente é utilizada para calcular a potência Y^x.

Entretanto, se acionarmos a tecla azul $\boxed{g}$ e depois a tecla $\boxed{Y^x}$, ela passará a executar a função azul raiz de (x).

A tecla R!

Trata-se de uma tecla que, quando acionada, desencadeia as seguintes transferências:

- O conteúdo de X é transferido para T

- O conteúdo de T é transferido para Z

- O conteúdo de Z é transferido para Y
- O conteúdo de Y é transferido para X

Como vemos, há um "giro" completo no tambor para acionamento da tecla R↓ sem haver qualquer perda de informação.

Assim, o acionamento de R↓ por quatro vezes consecutivas nos permite ver o conteúdo das quatros memórias — X, Y, Z e T — ao passarem pelo visor.

As teclas

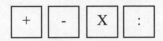

Todas as operações aritméticas são efetuadas apenas com os conteúdos das memórias X e Y. Os exemplos a seguir pretendem esclarecer a utilização dessas teclas.

Exemplo 1

Efetuar 2 + 8 - 1

Isso será alcançado pela sequência das operações:

2	ENTER
8	+
1	-

O visor fornece o resultado final igual a 9,00.

CONQUISTANDO SEU FUTURO FINANCEIRO

Exemplo 2

Efetuar (2 x 8)/4

Isso será alcançado pela sequência de operações:

2	**ENTER**
8	X
4	:

O visor apresenta resultado final igual a 4,00.

Exemplo 3

Efetuar (4 + 8)/(3 + 1).

O resultado será obtido pela sequência de operações:

4	**ENTER**
8	+
3	**ENTER**
1	+
	:

O visor retorna 3,00 como o resultado final.

As teclas

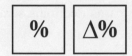

a) A tecla % permite o cálculo da porcentagem de um determinado número.

Exemplo 4

Obter 5% de 5.000,00.

Isso é alcançado pelas operações:

5.000	ENTER
5	%

O valor fornecido como resposta será 250.

b) A tecla Δ% permite o cálculo da diferença percentual entre dois números.

Exemplo 5:

Calcular a diferença percentual entre 2.000 e 2.200.

A sequência a ser seguida será:

2.000	ENTER
2.200	Δ%

O valor fornecido é 10,00. Esse resultado indica que 2.200 é 10% maior que 2.000.

Fixação do número de casas decimais

A fixação do número de casas decimais será feita com o auxílio da tecla amarela [f].

Para isso, acionamos a tecla amarela [f] e, em seguida, o número de casas decimais desejado (de 0 a 9).

As funções

A função [FRAC] permite a obtenção da parte fracionária do número que estiver no visor.

Exemplo 6:

Efetuar a divisão 9/4, com duas casas decimais.

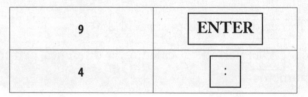

O valor 2,25 é fornecido como resposta.

Para obter a parte fracionária desse resultado devemos acionar:

Fornecendo 0,25 como resposta.

Convém observar que a parte fracionária indicada no visor (0,3) continua guardada internamente na HP12C, com todas as suas casas decimais. Isso pode ser verificado apertando a tecla amarela [f] seguida do número de casas decimais que achar adequado ao que se deseja.

A função INTG permite a obtenção da parte inteira do número que estiver no visor.

Exemplo 7:

Efetuar a divisão 9/4 com duas casas decimais.

Isso é alcançado pelas operações:

9	ENTER
4	÷

O valor 2,25 é fornecido como resposta.

Para obter a parte inteira desse resultado devemos acionar:

c) A função RND permite eliminar as casas decimais do número do visor, e que não aparecem no visor.

No exemplo anterior

Efetuar a divisão 9/4, com duas casas decimais.

Isso é obtido pelas operações:

9	ENTER
4	÷

O valor 2,25 é fornecido como resposta, porém sabemos que internamente essa resposta foi obtida na HP12C com um número muito superior de casas decimais.

Vamos agora executar a função RND acionando as teclas:

O visor continua indicando 2,25; entretanto, as demais casas decimais foram transformadas em zeros. Podemos verificar que tal fato ocorreu, pedindo mais casas decimais para o número indicado no visor que fornece 2,25000.

Trocar o ponto pela vírgula

a) Desligar a máquina apertando a tecla

b) Com a máquina desligada, apertar ao mesmo tempo as teclas

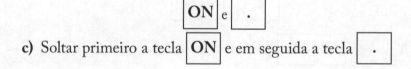

c) Soltar primeiro a tecla ON e em seguida a tecla .

As funções

Essas funções possibilitam as seguintes operações com datas de calendário:

a) A função ΔDYS permite o cálculo do número exato de dias entre duas datas.

b) A função DATE permite somar ou subtrair um número de dias a partir de uma data.

MATEMÁTICA FINANCEIRA

Procedimento

a) Fixar o número de casas decimais em seis, para que o visor possa mostrar as datas digitadas.

b) Verificar se a função azul escolhida foi M.DY ou D.MY, uma vez que tal escolha será de fundamental importância na forma de entrar com as datas, conforme indicação a seguir:

- Se a função escolhida for D.MY, então as datas deverão estar na ordem dia-mês-ano

- Se a função escolhida for M.DY, então, as datas deverão estar na ordem mês-dia-ano

As teclas

A tecla $\boxed{\text{STO}}$ serve para guardar (*store*) e operar valores guardados nas memórias fixas existentes na máquina HP12C.

Limpeza da máquina

A limpeza da máquina HP12C pode ser feita de duas formas:

$\boxed{\text{CLX}}$: Limpa apenas o visor, isto é, a memória X.

$\boxed{\text{f}}$ $\boxed{\text{FIN}}$: Função que limpa o conteúdo das memórias financeiras, isto é, coloca zeros para

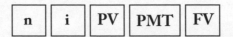

$\boxed{\text{f}}$ $\boxed{\text{REG}}$: Função que limpa os conteúdos das memórias.

ANEXO 5

Anuidades ou séries uniformes de pagamentos

Modelo básico de anuidade

Entendemos por modelo básico de anuidade a série de pagamento ou recebimento que é, simultaneamente, **temporária, constante, imediata postecipada e periódica**.

Modelo básico: cálculo do valor presente: PV

Consideraremos as variáveis:

- Valor presente da anuidade: PV
- Tempo de duração: n
- Futuro da anuidade: FV
- Valor da prestação (payment): PMT
- Taxa de atratividade: i

Provaremos que

$$PV = PMT \times a_{(n,\ 1\%)}$$

Sendo:

$$a_{n\neg\ i\%} = \frac{1 - (1+i)^{-n}}{i}$$

MATEMÁTICA FINANCEIRA

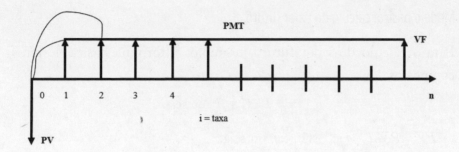

O fator à direita constitui a soma dos termos de uma PG (progressão geométrica) de razão menor que 1.

$PG \Rightarrow$ Razão $= \frac{1}{1+i}$

$PG = \{a_i\}_{1 \le i \le n}$

Como sabemos, o termo geral a_n é dado por:

$a_n = a_1 \cdot q^{n-1}$

$q = 0 < q < 1$, teremos então:

$a_2 = a_1 \cdot q;\ a_3 = a_2 \cdot q = a_1 \cdot q \cdot q = a_1 \cdot q^2; \ldots q_n = a_1 \cdot q^{n-1}$

$S_n \Rightarrow$ Soma de n termos da PG é dada por S_n, obtida da seguinte forma:

$$S_1 = a_1;\ S_2 = a_1 + a_2$$
$$S_n = a_1 + a_2 + a_3 + \cdots + a_{n-1} + a_n (xq)$$
$$qS_n = a_1 \cdot q + a_2 \cdot q + a_3 \cdot q + \cdots + a_{n-1} + a_n q$$

Subtraindo membro a membro:

$S_n - q \cdot S_n = a_1 - a_n \cdot q \Rightarrow S_n \cdot (1-q) = a_1 - a_n \cdot q \Rightarrow S_n$
$= \frac{a_1 - a_n \cdot q}{1-q}$

Logo:

$PV = PMT \times \{\frac{\frac{1}{1+i} - \frac{1}{(1+i)^n} \times \frac{1}{1+i}}{1 - \frac{1}{1+i}}\} \Rightarrow$

$$PMT \times \frac{\frac{1}{1+i}[1 - \frac{1}{(1+i)^n}]}{\frac{i}{1+i}} = PMT \times \frac{1 - (1+i)^{-n}}{i}$$

Ou seja: $PV = PMT \cdot a_{n \neg i\%}$

$a_{n \neg i\%} \rightarrow$ Fator de atualização das prestações

237

Modelo básico: cálculo do valor futuro: *FV*

Para o cálculo do valor futuro, usaremos a fórmula básica de juros compostos:

$$FV = PV\,(1 + i)^n, \text{ ou seja:}$$

$FV = PMT \cdot a_{n\neg 1\%} \cdot (1 + i)$, ou seja:

Sendo $a_{n\neg 1\%}$ dada por:

$$a_{n\neg\, i\%} = \frac{1 - (1 + i)^{-n}}{i}$$

Bibliografia

ANEXO MATEMÁTICA FINANCEIRA

BONINI, Edmundo E. *Mercado de capitais*. São Paulo, 1971. Caps, 4, 5 e 6.

CAVALHEIRO, Luiz A. F. *Elementos de matemática financeira*. Rio de Janeiro, Fundação Getúlio Vargas, 1974.

COHAN, Avery B. *Financial decision making theory and practice*. Englewood Cliffs New Jersey, Prentice-Hall, 1972.

DE GARMO, E. Paula. *Engineering economy*. 4. ed. Nova York, Macmillan, 1967.

EHRLICH, Pierre Jaque. *Avaliação e seleção de projetos de investimento*. São Paulo, Atlas, 1980.

FRANCISCO, W. de. *Matemática financeira*. São Paulo, Atlas, 1974.2. v.

FUSARI, Valberto. *Moeda e inflação*: um enfoque objetivo. São Paulo, Convívio Sociedade Brasileira de Cultura, 1979.

GRANTE.L. & IRESON, W. Grant. *Principles of engineering economy*. 5.ed. Nova York, The Ronald Press, 1970.

HERNE, Jarne C. Van. *Política e administração financeira*. Rio de Janeiro, Livros Técnicos e Científicos, 1974.

HOLANDA, Nilson. *Elaboração e avaliação de projetos*. Rio de Janeiro, APEC, 1981.

MARIM, Walter Chaves. *Análise de alternativas de investimento*. 10 ed. São Paulo, S.C.P. 1974.

MAYER, Raymond L. *Análise financeira de alternativa de investimento*. São Paulo, Atlas, 1972.

---*Administração da produção*. São Paulo, Atlas, 1973. Caps. 8, 9 e 10.

OLIVEIRA, Heladio de. *Tópicos de matemática financeira e aplicações*. São Paulo, Nobel, 1974.

PETERS, Roset A. *Retorno de investimento*. São Paulo, McGraw-Hill, 1979.

PUCCINI, A. et al. *Engenharia de análise de investimento*. 4 ed. Rio de Janeiro, Forum, 1969-75.

MARTINS, Eliseu; IUDÍCIBUS, Sérgio de; GELBCKE, Emesto Rubens. *Manual de contabilidade das sociedades por ações*. São Paulo: Fipecafi, 1992.

MATARAZZO, Dante C. *Análise financeira de balanço*. São Paulo: Atlas, 1987.

MARQUES, J. Augusto Veiga da Costa. *Análise financeira das empresas:* liquidez, retorno e criação de valor. Rio de Janeiro: Editora UFRJ, 2004.

O'BYRNE, Stephen F.; Young, S. David. *EVA e gestão baseada em valor:* guia prático para implementação. Porto Alegre: Bookman, 2003.

RAPPAPORT, A. *Gerando valor para o acionista*. São Paulo: Atlas, 2001.

SILVA, José Pereira. *Análise financeira das empresas*. São Paulo: Atlas, 2001.

VIEIRA, Marcos Villela. *Administração estratégica de capital de giro*. São Paulo: Atlas, 2005.

ÍNDICE

A

ações, 97–102
  pagamento de dividendos regular, 101–102
alienação fiduciária, 44
alocação de carteira, 118–120
aluguel, 42
  rentabilidade, 50
  temporário, 42
  valor, 51
ativo
  pós-fixado, 79–84
  prefixado, 84–88
  riscos, 86
avaliações de ativos empresariais
  cuidados, 61

B

baixa educação, 11
benchmark, 96

C

caderneta de poupança, 127
captações de recursos, 124
cartão de crédito, 33
carteira de investimentos, 73–78
  eficiência e segurança, 75
  rentabilidade, 76
CDB (Certificado de Depósito Bancário), 79
CDI (Certificado Depósito Interbancário), 79
  over, 128
  previsibilidade, 87

cesta de consumo, 24
conjuntura, 16
CRAs (Certificado de Recebíveis do Agronegócio), 83
Crédito Direto ao Consumidor (CDC), 129
crédito imobiliário, 48
Crédito Pessoal (CP), 129
CRIs (Certificados de Recebíveis Imobiliários), 83
crises
2000 e 2008, 75
custos
fixos e quase fixos, 62
variáveis, 62

D

deficit, 35
desconto
taxa de, 63
descorrelação, 112
entre ativos, 75
desigualdade social, 11
despesas, 62
apuração das, 31
discricionárias, 33
flexíveis, 33
histórico das, 35
obrigatórias, 33
dinheiro, 78

diversificação, 83
setorial, 98
Doing Business, ranking, 10
dólar/real, 10

E

economia cíclica, 75
eficiência fiscal, 73
empresa
aquisição, 59
comprar ou vender, 57
motivos, 58
em funcionamento, adquirir, 60
estudo de viabilidade de investimento em, 61
incipiente, 57
pessoal ou familiar, 56
endividamento
voluntário e involuntário, 36
escassez, 14
escolaridade da população, 12
estímulos anticíclicos, 75
ETF (Exchange-Trade Fund), 86

F

FGC (Fundo Garantidor de Crédito), 81
FII (Fundo de Investimento Imobiliário), 89
financiamento, 43

ÍNDICE

imobiliário, proposta de, 44

juros, 48

prazo do, 47

valor do, 44

fluxo de caixa, 185

Fundo Garantidor de Crédito, 83

fundos

abertos, 81

alternativos, 105

ativos, 98

gestor de, 99

de ações, 98

de crédito privado, 81

de desenvolvimento, 107

de fundos, 96–97

de papel, 106

de Private Equity, 108

de renda, 107

de tijolos, 106

de venture capital, 108

DI, 80

imobiliários, 106

long biased, 105

long short, 103–105

passivos, 98

setoriais, 100

G

Governança Corporativa, 59

H

hot money, 129

I

IGP-M, 25

(Índice Geral de Preços ao
Mercado), 90

imóvel, 42–54

análise da compra, 43

em construção, 52

investimento, 54

preço, índice FipeZap, 50

pronto, 52

reformas, 53

riscos, 52

incerteza jurídica, 10

inflação, 87–88

principais indicadores, 90–91

infraestrutura logística, 12

investimentos

escolha dos, 72

no exterior, 112

IPCA, 24

(Índice Geral de Preços ao
Consumidor Amplo), 90

IPO

(Initial Public Offer), 109

L

LCAs (Letras de Crédito do
Agronegócio), 83

LCIs (Letras de Créditos
Imobiliários), 83

letra de câmbio (LC), 129

liquidez, 78

M

macro carregamento, 91

macro trading, 91

manutenção do poder de compra, 87

market share, 66

matemática financeira, 124–238

mercado

quantificar, 66

moedas brasileiras

variação, 9

moradia, 42–54

multimercados, 91–96

O

orçamento

estrutura, 31–32

pessoal e familiar, 30

P

perfil dos investidores, 118–120

planejamento financeiro pessoal
definição, 8

Plano Collor, 9

preço, 78

previdência privada, 114–116

benefícios, 115

regimes de tributação, 115

projeção

prazo de, 64

R

real

criação, 10

recebimentos, 31

Recibos de Depósito Bancário
(RDB), 127

Regimes de Juros

Compostos, 131

Simples, 131

rentabilidade, 78

reserva de emergência, 84

retorno final, 74

risco, 72

rentabilidade e liquidez, 79

ÍNDICE

S

sistema
  judiciário, 11
  MIX, 44
  político, 11
  SAC (Sistema de Amortização Constante), 44
  Sistema de Amortização Constante (SAC), 196
  Sistema Francês de Financiamento, 196
Sociedades de Crédito, Financiamento e Investimento (SCFI), 129
superavit, 34

T

Taxa Básica Financeira (TBF), 125
Taxa de Juros de Longo Prazo (TJLP), 126
Taxa de Longo Prazo (TLP), 126

Taxa de Referência (TR), 125
Taxa Interna de Retorno (TIR), 67, 186
taxa Selic, 26
tempo, 13
Tesouro Direto
  taxa anual, 85
Tesouro IPCA, 87
  com juros semestrais, 87
Tesouro Prefixado, 85
Tesouro Selic, 79
títulos de inflação, 87–90

V

Valor Presente Líquido (VPL), 67
venda
  a descoberto, 103
vendas
  estimativa de, 65

Projetos corporativos e edições personalizadas dentro da sua estratégia de negócio. Já pensou nisso?

Coordenação de Eventos
Viviane Paiva
viviane@altabooks.com.br

Assistente Comercial
Fillipe Amorim
vendas.corporativas@altabooks.com.br

A Alta Books tem criado experiências incríveis no meio corporativo. Com a crescente implementação da educação corporativa nas empresas, o livro entra como uma importante fonte de conhecimento. Com atendimento personalizado, conseguimos identificar as principais necessidades, e criar uma seleção de livros que podem ser utilizados de diversas maneiras, como por exemplo, para fortalecer relacionamento com suas equipes/ seus clientes. Você já utilizou o livro para alguma ação estratégica na sua empresa?

Entre em contato com nosso time para entender melhor as possibilidades de personalização e incentivo ao desenvolvimento pessoal e profissional.

PUBLIQUE SEU LIVRO

Publique seu livro com a Alta Books. Para mais informações envie um e-mail para: autoria@altabooks.com.br

 /altabooks /alta-books /altabooks /altabooks /altabooks

CONHEÇA OUTROS LIVROS DA **ALTA BOOKS**

Todas as imagens são meramente ilustrativas.

ROTAPLAN
GRÁFICA E EDITORA LTDA
Rua Álvaro Seixas, 165
Engenho Novo - Rio de Janeiro
Tels.: (21) 2201-2089 / 8898
E-mail: rotaplanrio@gmail.com